Michael Schulte · **Wo immer ich bin, ist nirgendwo**

Abenteuerlich. Ungewöhnlich spannend.

Stefan Dietrich
Maos Atem – Rossinis Tränen
und 999 andere unwichtige Ereignisse der Welt- und Kulturgeschichte
ISBN 3-0350-2008-6

Theodor Lerner
Polarfahrer
Im Banne der Arktis. Hrsg. von Frank Berger. ISBN 3-0350-2013-2

Bill O'Neal
Gunfighter
Alle Revolvermänner des Wilden Westens. Eine Enzyklopädie
ISBN 3-0350-2013-2

Michael Schulte
Krumm gelaufen!
Genies, Dilettanten, Versager – die schönsten mißlungenen Verbrechen
ISBN 3-0350-2004-3

Ernst Schwenk
Maßmenschen
Von Ampère und Becquerel bis Watt und Weber. Wer den internationalen Maßeinheiten den Namen gab. 2., vom Autor vollständig überarbeitete, wesentlich erweiterte Fassung. ISBN 3-0350-2005-1

Anne Seagraves
Töchter des Westens
Flintenweiber, Cowgirls, Farmersfrauen – die starken Frauen des Wilden Westens. ISBN 3-0350-2010-8

Joe Simpson
Sturz ins Leere
Touching the Void. 6. Auflage. ISBN 3-0350-2011-6

Owe Wikström
Vom Unsinn mit der Harley durch den Louvre zu kurven
Lob der Langsamkeit. Aus dem Schwedischen von Dagmar Lendt
ISBN 3-0350-2003-5

Michael Schulte

Wo immer ich bin, ist nirgendwo

Hobos und Tramps in Amerika

oesch verlag
kontra●punkt

1. Auflage 2005

Satz: Oesch Verlag
Druck und Bindung: Ebner & Spiegel, Ulm
Printed in Germany

ISBN 3-0350-2012-4

Gern senden wir Ihnen unser Verlagsverzeichnis:
oesch verlag, kontra•punkt, Jungholzstraße 28, 8050 Zürich
E-Mail: info@kontrapunkt-buch.ch
Telefax 0041/44 305 70 66 (CH: 044 305 70 66)

Unser Programm finden Sie im Internet unter:
www.kontrapunkt-buch.ch

Inhalt

1. Kapitel

Hobos und Tramps

Strong and content I travel the open road
WALT WHITMAN, *Leaves of Grass*

Die Figur des Tramps wurde durch die Filme Charlie Chaplins weltberühmt. Kurioserweise hat Chaplin nur äußerst selten einen Tramp dargestellt; fast immer verkörperte er in seinen Stummfilmen einen Hobo. Da sich außerhalb der USA kaum jemand etwas unter einem Hobo vorstellen konnte, bezeichnete er sich als Tramp. Worin liegt der Unterschied?

Zwei Tramps, erzählt ein Witz aus den zwanziger Jahren, tauschen Erfahrungen aus. Sagt der erste: »Geh bloß nie nach Denver.« – »Da bin ich noch nie gewesen«, sagt der zweite, »was ist da so furchtbar?« – »Schreckliche Stadt«, sagt der erste Tramp. »Die stinkfaulsten Leute der Welt wohnen dort, wohin du dich auch wendest, fast jeder bietet dir einen Job an.«

Demnach wäre Denver ein Paradies für Hobos gewesen; mit anderen Worten: Der Hobo arbeitete, der Tramp nicht. Der Hobo war ein Wanderarbeiter, der sich vorwiegend als blinder Passagier in, unter oder auf Güterzügen durchs Land bewegte, um als Schienenleger, Viehtreiber, Schirmflicker, Scherenschleifer, Bauarbeiter, Holzfäller oder ähnliches sein Brot zu verdienen. Oder als Erntehelfer beziehungsweise Farmarbeiter – aus diesen Tätigkeiten soll sich das Wort Hobo ableiten, das angeblich von »hoe-boy« kommt. »Hoe« bedeutet »Hacke« bzw. »hacken« im Sinne von »den Boden mit einer Hacke bearbeiten«. Ob das etymologisch korrekt ist, weiß niemand.

Der Tramp benutzte ebenfalls illegal die Güterzüge, lehnte Arbeit jedoch ab. Er lebte vom Betteln, von Diebstahl und Einbruch. Dann gab es noch den Bum, am zutreffendsten mit »Penner« übersetzt, der als obdachloser und betagter Alkoholiker in der Großstadt die letzten Jahre seines Daseins fristete. Nahezu alle Hobos und Tramps, die ihr Leben lang bei der Stange blieben, endeten als Bums. Jack MacBeth, Präsident des Hobo College in Chicago, hat es auf den Punkt gebracht: »Ein Hobo ist ein wandernder Arbeiter, ein Tramp ist ein wandernder Nichtarbeiter, ein Bum ist ein nichtwandernder Nichtarbeiter.«

Chaplin setzt zwar gelegentlich Tramp-Techniken ein, wenn er Nahrung klaut, etwa in *A Dog's Life* (deutscher Titel *Ein Hundeleben)* oder zu Anfang von *The Circus (Der Zirkus),* doch gewöhnlich arbeitet er, um seinen Lebensunterhalt zu verdienen. In *The Kid (Der Vagabund und das Kind)* ist er ein Glaser, in *The Gold Rush (Goldrausch)* Schneeschipper, in *City Lights (Lichter der Großstadt)* schuftet er als Straßenfeger und Preisboxer, in *Modern Times (Moderne Zeiten)* als Fabrikarbeiter und Hilfskellner.

Der Hobo bettelte nur im äußersten Notfall, der Tramp arbeitete nur im äußersten Notfall. Der »Hobo Professor« Jesse Walter Dees, Jr., Leiter der soziologischen Abteilung am Hillsdale College in Michigan, bemerkte in seinem Buch *Flophouse:* »Erfolgreiche Bettler sind vielleicht die größten Schauspieler der Welt.« Herzzerreißende Geschichten von plötzlichen Schicksalsschlägen oder die Behauptung, man sei bemüht, das Fahrgeld zum mütterlichen Herd oder seine Studiengebühren zusammenzukratzen, verfehlen, wenn überzeugend vorgetragen, selten ihre Wirkung. Auch gut inszenierte Ohnmachtsanfälle (vor Hunger) können sich als lukrativ erweisen. Beliebt ist auch der Trick, Leute beim Verlassen eines sündhaft teuren Restaurants um Geld anzuhauen, da man schon seit drei Tagen nichts mehr gegessen habe. Körperliche Gebrechen, ob echt oder nicht, sind geeignet, Mitleid zu erregen. Es gab unter den Bettlern sogar einige Spezialisten, die mit einem Stück Seife im Mund epileptische Anfälle vortäuschten.

Manchmal war betteln der letzte Ausweg, eine Frage des Überlebens. Ein alter Hobo hat das mal so ausgedrückt:

> *Wenn du wochenlang in Güterwaggons oder Schlimmerem geschlafen hast, wenn du Hunderte beschwerlicher Meilen mit wenig oder nichts zu essen zurückgelegt hast, unrasiert, schlecht angezogen, auf Puffern durchgerüttelt, das Gesicht von heißer Asche und einherfliegendem Schotter zerschunden, würde dich dann die Macht des Hungers davon abhalten, um ein wenig Essen zu bitten?*

Nur wenige Tramps machten sich bettelnd von der Ostzur Westküste auf oder durchquerten mehrere Staaten. Die meisten erkundeten gewisse Bezirke oder Stadtviertel, bis sie ein lohnendes Revier gefunden hatten, das heißt, eine Gegend mit relativ freigiebigen Bewohnern. Als Faustregel galt, je christlicher die Menschen in einem Gebiet, desto abweisender und kaltherziger sind sie.

Während der Bettler auf dem Lande von Haus zu Haus

ging, um ein Almosen oder ein Sandwich zu ergattern, war in den Städten die Straße das bevorzugte Arbeitsgebiet. Es gab aber auch die Office-beggars, die Bürobettler, »stickers« genannt. Die verschafften sich Zugang etwa zu Anwaltskanzleien und fingen an, lange, traurige Geschichten zu erzählen; meist erhielten sie sofort ein paar Münzen – die schnellste Methode, sie wieder loszuwerden.

Die Tramps wurden von den Hobos und mehr noch von den Berufsverbrechern verabscheut. Sie galten als feige Dilettanten, unfähig, eine Bank auszuräumen oder ein anderes großes Ding zu drehen. Nie wäre einem Kriminellen von Format eingefallen, sich unter den Tramps Komplizen zu suchen. Typische Tramp-Delikte waren zum Beispiel, in der Früh Milchflaschen von den Treppenstufen vor Hauseingängen oder zum Abkühlen hinter die Küche gestellte Speisen zu klauen. Brachen sie in Güterwaggons ein, richteten sie weniger Schaden durch entwendete Sachen als durch das Beschädigen der Türen und Schlösser an. Gehaßt wurden sie aber, weil sie nicht davor zurückschreckten, ihresgleichen und die Hobos zu bestehlen. Wer im Freien schlief, weil er in den Wohnheimen keinen Platz mehr bekam, mußte immer damit rechnen, seiner Ersparnisse verlustig zu gehen. Und in den Wohnheimen selbst war man auch nicht vor Dieben sicher, zumal einige Hobos, entnervt von den miserablen Arbeitsbedingungen und schlechten Löhnen, unversehens die Seite wechselten und Tramps wurden.

Während die Hobos sich als Randgruppe der Gesellschaft begriffen, standen die Tramps in Opposition zur Gesellschaft, die sie, in ihrer amerikanischen Spielart wenigstens, verachteten. Das System funktionierte nur, indem wenige Arbeitgeber ein Heer von Arbeitnehmern ausbeutete, und es funktionierte reibungslos, da die Arbeitnehmer sich willfährig ausbeuten ließen. Nicht zu arbeiten war für viele Tramps eine politische Entscheidung. Da sie klauten und bettelten, wurden sie allgemein als gemeingefährliche und mit allen Mitteln zu bekämpfende Parasiten der Gesellschaft eingestuft – und der Einfachheit halber mit den Hobos über einen Kamm geschert. Doch gab es auch durchaus realistische Einschätzungen des Problems, wenn es denn eins war.

Selbst die Ordnungshüter vermochten nicht allesamt in den Tramps eine echte Gefahr für die Gesellschaft zu erblicken. Nels Anderson zitiert in seinem 1923 erschienenen Buch *The Hobo* einen Gefängnisdirektor:

> *Ich bin überzeugt, daß dem Tramp zum Kriminellen der Mut fehlt. Er mag Essen oder was zum Anziehen stehlen oder eine Fußmatte, die er dann für einen Quarter verkauft, wofür er sich dann einen Kaffee und ein Brötchen oder, falls er Trinker ist, ein Glas Whiskey kauft. Aber im eigentlichen Sinn kriminell werden die Tramps nicht. Manchmal sind sie laut und aufmüpfig, aber gewöhnlich bin ich mit ihnen gut ausgekommen. Es gehört eine beachtliche Portion Mut dazu, in ein Haus einzubrechen oder jemanden zu überfallen, und derlei macht der Tramp nicht. Er scheint zu glauben, daß er einfacher und mit geringerem Risiko über die Runden kommen kann.*

Ihrem geringen Ansehen in der Öffentlichkeit begegneten einige Tramps mit dem Hinweis, daß die ersten Tramps schließlich Jesus und seine Jünger gewesen seien.

Die Tramps galten als relativ harmlos, was einigen Yeggs nicht verborgen geblieben war. Diese kriminellen

Vagabunden waren äußerlich nicht von Tramps zu unterscheiden, weswegen sie zunächst keinen Verdacht erregten. Das erleichterte ihnen die Arbeit, vor allem wenn sie Hobos überfielen. Hin und wieder wurden sie auch als Eisenbahnräuber tätig.

Roger A. Bruns weist in seinem Buch *Knights of the Road* darauf hin, daß es unter den Yeggs eine Reihe außergewöhnlicher Typen gab. Etwa einen Eddie Fay, »Sacramento Eddie«, einen erstklassigen Safeknacker und Einbrecher, der während seiner erfolgreichen dreißigjährigen Karriere reichlich Zeit fand, Hobbys nachzugehen, die in seinen Kreisen eher ungewöhnlich waren. Er las Goethe, Shelley, Anatole France und konnte Passagen aus dem Werk Swinburnes auswendig zitieren; Beethoven und Wagner waren seine Lieblingskomponisten, Debussys Musik lehnte er »tuberkulös« ab. Gegen Ende seines Lebens war er mit der Gründung einer Bankräubergewerkschaft beschäftigt. Alle Mitglieder sollten eine Art Handbuch erhalten, das wertvolle Informationen enthielt, zum Beispiel über die Gewohnheiten diverser Nachtwächter, die gewöhnlich vorhandene Geldmenge der einzelnen Institute, die besten Fluchtwege. Mitglieder sollten zu hohen Beitragszahlungen verpflichtet werden, im Gegenzug jedoch, würden sie geschnappt, rechtskundigen Beistand erhalten, und sollte auch der nichts nutzen, versprach die Gewerkschaftsleitung, einen Gefängnisausbruch zu organisieren. Das Unternehmen konnte nicht verwirklicht werden, da Fay ermordet wurde.

Zuweilen waren die Yeggs sogar in Banden organisiert. Berüchtigt war die »Blue Mountain Hump« in Oregon und die »Lake Shore Gang« in Ohio, die Hobos zur Mitarbeit zwang und im Falle einer Weigerung ermordete. Eine dritte Bande, angeführt von Jimmie McDougall, trieb ihr Unwesen im Staat New York. Als Jimmie 1902 der Polizei endlich ins Netz ging, gab es eine nicht geringe Überraschung: Jimmie hieß in Wirklichkeit Theresa und war eine ehemalige Schauspielerin aus Cleveland, die, gekleidet in ein paar Nummern zu großen Schuhen und Anzügen, ihre Komplizen jahrelang gefoppt hatte.

Obwohl Hobos und Tramps stets bemüht waren, sich streng voneinander abzugrenzen, wurden sie in der öffentlichen Meinung in einen Topf geworfen; die Hobos hatten also unter dem schlechten Ruf der Tramps zu leiden, völlig zu Unrecht, wie sich erweisen wird.

Gemeinsam hatten Hobos und Tramps ihre abschätzige Haltung dem Bum gegenüber und die Art und Weise des Reisens, den Drang, ständig ihre Zelte abzubrechen, von einem Ort zum anderen zu wechseln, ihre Weigerung, sich niederzulassen. Bei einem erheblichen Prozentsatz der Hobos handelte es sich dabei allerdings weniger um Wanderlust, ein Wort, das aus dem Deutschen in die englische Sprache unverändert übernommen wurde, als um eine Notwendigkeit, diktiert von wirtschaftlicher Misere.

Der Kampf ums Überleben wurde erschwert durch den vollständigen Mangel eines sozialen Netzes im damaligen Amerika. Es gab weder eine Sozialfürsorge noch Arbeitslosengeld, noch ein öffentliches Gesundheitswesen. Franklin Delano Roosevelt war der erste Präsident, der in Ansätzen so etwas wie einen Sozialstaat schuf. Am Ende seiner Amtszeit waren die USA in dieser Hinsicht etwa auf dem Niveau Deutschlands zur Zeit Bismarcks. Die Präsidenten nach Roosevelt haben dann weitere Scherflein zur sozialen Absicherung der Bevölkerung beigetragen, am meisten der reformfreudige Lyndon B. Johnson. Vieles, was nun endlich erreicht worden war, hat Ronald Reagan wieder rückgängig gemacht.

Die soziale Rutschbahn vom festangestellten Arbeiter über den Hobo zum Tramp und schließlich zum Bum wird 1915 in einem Bericht der »Commission on Industrial Relations« skizziert:

> *In zunehmender Anzahl geht es mit Arbeitern bergab statt bergauf. Junge, ehrgeizige Männer voller Zukunftshoffnung fangen als Arbeiter an, erfahren aber einen Fehlschlag nach dem anderen bei dem Versuch, sich in einem Beruf oder Gewerbe eine Existenz aufzubauen, ihre Ambitionen und Hoffnungen schwinden, und allmählich sinken sie auf die Stufe der Wander- und Gelegenheitsarbeiter. Dort einmal angekommen, verlieren sie ihre Selbstachtung und werden Hobos. Nachdem sie dann üblen Angewohnheiten, wie Trinken und Betteln, verfallen sind, werden sie Pennbrüder – Tramps, Bums, Vagabunden, Spieler, Taschendiebe oder sonst wie Kleinkriminelle –, kurz, Parasiten der Gesellschaft, die rascher zunehmen als die restliche Bevölkerung.*

Wenn hier kurz von Trunksucht gesprochen wird, muß ergänzend darauf hingewiesen werden, daß Alkoholismus und Drogenabhängigkeit oft der Grund für ein Wanderleben waren. Der Wunsch, sein Laster vor der Familie zu verbergen, hat da gelegentlich eine Rolle gespielt, mehr aber noch der Umstand, daß sich bei einer festen Anstellung solche Krankheiten nicht auf Dauer verbergen lassen, wohl aber bei einem Gelegenheitsjob. Doch selbst zu diesen war dann so mancher über kurz oder lang nicht mehr fähig. Ein Penner hat mal den Anfang seines Tageslaufs so geschildert:

Ich stand um halb sechs in der Früh auf und versuchte, für 5 Cent denaturierten Alkohol zu kaufen, den man als Farbverdünner verwendete. Aber so wenig wollten sie mir nicht verkaufen. Ich bettelte mir also 10 Cent zusammen und kaufte das Zeug dann für 15 Cent. Dann beschaffte ich mir Wasser und mixte meinen Drink. Eigentlich hatte ich nur einen kräftigen Schluck nehmen wollen, um wieder nüchtern zu werden. Aber dann vergaß ich meine Vorsätze und trank alles.

Und der Schriftsteller Heinrich Hauser ist entsetzt über den Zustand der Bums auf Chicagos Straßen:

Betrunken sein heißt hier vergiftet sein. Die Wirkung des Methylalkohols ist schauerlich. Viele Menschen werden blind. Rausch endet in Starrkrampf oder in Amoklaufen. Es gibt Menschen, die Gefrierschutzmittel aus den Autokühlern trinken.

Ehe wir auf die Voraussetzungen zu sprechen kommen, die die Hobo- und Trampbewegung in Gang setzte, sei auf die sprichwörtliche Mobilität der Amerikaner verwiesen. Durchschnittlich fünfmal in seinem Leben zieht der Amerikaner um, wobei Umzüge innerhalb einer Gemeinde oder eines Bezirks in dieser Statistik nicht berücksichtigt sind. Kein Wunder, daß es auch in kleinen Ortschaften landesweit eine Zweigniederlassung der Firma U-Haul gibt, eines seit Jahrzehnten florierenden Unternehmens, das Möbelwagen verleiht. In seiner ausgezeichneten Studie *Go West* vertritt Gert Raeithel die These:

Die psychische Konstitution der Auswanderer und die amerikanische Umwelt ließen einen Charaktertypus entstehen, der sich durch schwache Objektbeziehungen auszeichnet.

Raeithel versteht darunter ein ziemlich gleichgültiges Verhältnis zu Sachen und Personen.

Im 19. Jahrhundert gab es, beispielsweise in Polen und im Schwabenland, Dörfer, deren Bewohner allesamt unter erdrückenden ökonomischen Bedingungen lebten. Nicht selten kam es vor, daß die Hälfte der Bewohner nach Amerika auswanderte, während die andere Hälfte es vorzog, zu Hause zu bleiben. Letztere Gruppe klammerte sich an das, was sie hatte, für sicher hielt: Haus, Hof, Äcker, Familie und Freunde. Die Auswanderer konnten all das aufgeben, da ihre Objektbindung kaum oder gar nicht ausgebildet war – eine Anlage, die sie ihren Nachkommen vererbten.

Den Drang nach örtlicher Veränderung, den Wunsch, unterwegs zu sein, veranschaulicht Raeithel an zwei Beobachtungen: Erstens fällt bei Partys in Amerika auf, daß die wenigsten Gäste sitzen; sie ziehen es vor, sich im Stehen zu unterhalten, was es ihnen erleichtert, ständig von einer Gruppe zur anderen zu wechseln. Die zweite Beobachtung ist noch signifikanter: Bei der Fernsehübertragung der ersten bemannten Mondlandung am 20. Juli 1969 stellten viele Amerikaner den Fernseher ab, nachdem Apollo 11 ihr Ziel erreicht hatte; wie der erste Mensch den Mond betrat, interessierte sie nicht mehr. Unterwegs sein ist alles. Das Cruisen, also das ziellose Umherfahren im Auto, wie es besonders gerne in Kalifornien praktiziert wird, ist demgemäß eine typisch amerikanische Freizeitbeschäftigung.

Nels Anderson berichtet von einem neunzehnjährigen Jungen, der bereits vier Jahre unterwegs war.

Er weiß nicht, warum er reist, es beschere ihm halt einen Nervenkitzel. Er sagt, es sei ihm klar, daß es ihm besser ginge, wenn er sich irgendwo niederlassen und einer geregelten Arbeit nachgehen würde. Ein paarmal habe er das auch versucht, doch durch die monotone Lebensweise sei er nur noch rastloser geworden, weswegen er weiterziehen mußte.

Der Protagonist in John Schoolcrafts autobiografischem Werk »The Bird of Passage« sagt einmal: »Ein Mann kann dem Umherstreifen genausowenig plötzlich abschwören, wie er plötzlich dem Dope abschwören kann.« Und an anderer Stelle: »Ich wäre lieber ein mausetoter Pennbruder als ein quicklebendiger Millionär!«

Der vielgescholtene Materialismus der Amerikaner entbehrt zwar nicht jeder Grundlage, ist aber doch eher ein Vorurteil als ein tatsächliches Charakteristikum. Der Kauf eines Autos oder Hauses hat in den USA den Stellenwert des Erwerbs eines Kugelschreibers bei uns. Praktisch jede Woche kann man in den Fernsehnachrichten Interviews mit Menschen sehen, die durch eine Naturkatastrophe Hab und Gut verloren haben, sei es durch eine Feuersbrunst, einen Hurrikan oder eine Überschwemmung. Die Gleichgültigkeit, mit der diese Unglücklichen, auch wenn sie keinerlei Versicherung abgeschlossen hatten, solchen Schicksalsschlägen begegnen, ist immer wieder erstaunlich. Ein Haus, so sagen sie, könne man schließlich wieder bauen, an dieser oder anderer Stelle. Ein anderer Vorwurf – die Unfähigkeit, intensive und dauerhafte Freundschaften zu schließen – ist hingegen nicht unberechtigt, erklärt sich jedoch durch die genetisch und historisch bedingte »schwache Objektbeziehung«. Die Hobos und Tramps hatten also bereits eine Veranlagung, die ihren Lebensstil begünstigte, einen Lebensstil, der eine materialistische Einstellung nicht zuließ. Ihr Hab und Gut bestand aus einer zusammengerollten, dünnen Matratze plus Decke, dem nötigsten Blechgeschirr und -besteck und gelegentlich etwas Werkzeug. Einige führten noch ein paar Bücher und Broschüren mit sich.

Zwar hat es zu fast allen Zeiten und in fast allen Kulturen Landstreicher gegeben, dennoch ist der Hobo ein typisch amerikanisches Phänomen, ähnlich dem des Cowboys, obwohl ja auch immer und überall Hilfskräfte in der Landwirtschaft tätig waren. Dem Cowboy fiel es ebenfalls leicht, sich von seinem Arbeitsplatz zu trennen, wenn er nicht mehr gebraucht wurde, ihm die Bezahlung zu schlecht war oder er Streit mit seinem Boß hatte. Während aber der Cowboy an seinem einmal gewählten Beruf festhielt, war der Hobo wesentlich flexibler – er verfügte über alle möglichen Fertigkeiten oder konnte sie sich in kürzester Zeit aneignen. Hinsichtlich Belesenheit und Allgemeinbildung war der Hobo dem Cowboy gewöhnlich weit überlegen, was die Tatsache beweist, daß es eine wahre Flut von Memoirenliteratur ehemaliger Hobos und Tramps gibt, aber nie ein Cowboy seine Erinnerungen zu Papier gebracht hat. Kaum überraschend, daß der Anteil der Analphabeten unter Cowboys weit höher war als unter den Hobos und Tramps. Man darf noch weiter gehen: Die Hobos zählten zu den bestinformierten Bürgern des Landes. Nahezu jeder, der in den Freilichtlagern auftauchte, hatte eine Zeitung dabei. Die Zeitungen, die aus allen möglichen Gegenden der USA stammten, wurden ausgetauscht und eifrig gelesen. Im Winter suchten manche Hobos gerne den Zeitungslesesaal der öffentlichen Bibliotheken auf, nicht nur, um sich zu informieren, sondern auch um Schutz vor der Kälte zu suchen. Im allgemeinen mieden Hobos jedoch die Büchereien, da diese außerhalb der ihnen zugewiesenen Viertel lagen und sie eine Verhaftung wegen Landstreicherei befürchten mußten.

Beide Gruppen, die Hobos und die Cowboys, sind untrennbar mit der Besiedlung des Westens verbunden. Während die Landstreicher in Europa nie wirklich gebraucht wurden, konnte man während der Pionierzeit in den USA auf die Hobos nicht verzichten. Bereits im 18. Jahrhundert, als die ersten Wagemutigen von der dünn besiedelten Ostküste ins Landesinnere vorstießen und sich dort niederließen, waren sie auf Wanderarbeiter angewiesen, die über mannigfaltige Fertigkeiten verfügten. Sie reparierten Planwagen und Pflüge, beschlugen Pferde, errichteten Wohnhäuser und Scheunen, bauten Möbel und nähten Kleider. Sie waren gefragt und wurden gut bezahlt. Ohne sie hätten nur wenige Pioniere überlebt. Mit der fortschreitenden Besiedelung des Westens waren dann solche Wanderarbeiter weniger und andere mehr gefragt. Mußten etwa Straßen, Siedlungen, Tunnels oder eben Bahnstrecken gebaut werden, so ging das nicht ohne eine Truppe billiger Helfer, die nach getaner Arbeit wieder verschwand.

Helfer dieser Art gab es im Überfluß, was einer Reihe äußerer Umstände zu verdanken war: dem Ende des Bürgerkriegs, dem Ausbau des Schienennetzes und einer wirtschaftlichen Depression. Der Bürgerkrieg endete nach vier Jahren 1865 mit dem Sieg der Nordstaaten. Von einem Tag auf den anderen waren mehrere hunderttausend Soldaten und Tausende von Männern und Frauen, die eine Stelle in den Fabriken der Kriegsindustrie gefunden hatten, arbeitslos. Ihnen blieb oft nichts anderes übrig, als auf Wanderschaft zu gehen, um ein paar Dollar zu verdienen. Viele Männer fanden als Kumpels in den Minen, als Straßenbauarbeiter, Gepäckträger, Küchenhelfer oder Gleisleger einen Job. Das Schienennetz wurde im Eiltempo ausgebaut; es herrschte sogar ein Mangel an Arbeitskräften, so daß massenweise Gastarbeiter aus China importiert wurden, die sich, nach getaner Arbeit, als unerwünschte Minderheit massiven Verfolgungen ausgesetzt sahen. Die Chinatowns in New York, San Francisco, Chicago und anderen Städten sind bis heute bestehende Enklaven der Nachfahren ehemaliger Eisenbahnarbeiter.

Die Wanderarbeiter von damals halfen, das Transportmittel zu schaffen, das sie bald illegal benutzen sollten. Zunächst hatten die Eisenbahngesellschaften nichts gegen die Schwarzfahrer, da sie sich deren ökonomischen Werts bewußt waren. Ohne die Hobos wäre die Erntearbeit gar nicht zu bewerkstelligen gewesen – und der Transport der Ernteerzeugnisse war das, was der Eisenbahn das meiste Geld eintrug. Erst als dieser Erwerbszweig kaum noch etwas einbrachte, die Hobos also nicht mehr gebraucht wurden, wurden Schaffner, Lokomotivführer, Bremser und Heizer angewiesen, Waggons nach blinden Passagieren zu durchsuchen. Diese Anweisung wurde nicht überall und nicht von allen mit dem erwarteten Eifer durchgeführt. Auf manchen Strecken verlangte das Bahnpersonal einen kleinen Obolus zur Aufbesserung des Gehalts; zehn Cent pro hundert Meilen waren üblich.

Über kurz oder lang entstand ein neuer Berufszweig: die Eisenbahnpolizei, deren vordringlichste Aufgabe es war, Hobos und Tramps in der Güterwaggons aufzuspüren, rauszuwerfen, verhaften zu lassen oder gegebenenfalls auch zu erschießen. Nie ist ein Mitglied dieser meist von der berüchtigten Agentur Pinkerton gestellten und von keinem Gesetz gedeckten Privatpolizei, die wegen ihrer Brutalität verschrien war, angeklagt worden. Hobos und Tramps waren Freiwild.

Ihnen wäre nicht im Traum eingefallen, den Fahrpreis zu entrichten, selbst wenn sie das Geld dafür besaßen. Sie waren es größtenteils, die für einen Hungerlohn und unter haarsträubenden Arbeitsbedingungen 400 000 Kilometer Schienenstränge gelegt hatten, und zwar für jene Unternehmen, die die verhaßtesten der Nation waren – die Eisenbahngesellschaften. Von Justiz und Regierung in Ruhe gelassen, hatten sie, getrieben von beispielloser Raffgier, mit falschen Versprechungen und gezieltem Betrug Tausende von Menschen in den Ruin getrieben. Die Berufsehre gebot, diesem Halunkenverein nicht einen Cent zu überlassen.

Ein sprunghafter Anstieg der Arbeitslosigkeit auf 40 Prozent (fast eine halbe Million Eisenbahnarbeiter verloren ihren Job) war die Folge der Wirtschaftsdepression von 1873 bis 1878. Ausgelöst wurde der ökonomische Niedergang, als der Nation führende Investmentgesellschaft »Jay Cooke and Company« plötzlich bankrott machte, worauf reihenweise Banken und Fabriken schlossen und zahllose Firmen Insolvenz anmelden mußten. Kaum dienlich der Stimmung im Lande war auch eine Reihe endloser Skandale und Korruptionsaffären, in die der unfähige Präsident Ulysses S. Grant verstrickt war. Die Zahl der Erwerbslosen kletterte auf nie dagewesene drei Millionen (bei 40 Millionen Einwohnern), und entsprechend stieg die Zahl der Hobos und Tramps. Ähnliches wiederholte sich 1893 bei der zweiten Depression, die vier Jahre währte.

Diesmal aber regte sich Widerstand. Der wohlhabende Unternehmer Jacob Sechler Coxey (1854–1951) aus Ohio hatte einen Plan entwickelt, wie der Arbeitslosigkeit zu begegnen sei; er forderte von der Regierung, 5 Millionen Dollar in den Straßenbau und die Renovierung öffentlicher Gebäude zu investieren, ein Programm, das später Franklin D. Roosevelt im Rahmen seines New Deal verwirklichen sollte. Um seiner Forderung Nachdruck zu verleihen, sammelte Coxey eine »Armee« der Arbeitslosen um sich, mit der er nach Washington zu ziehen gedachte. Im März 1894 machte sich die »industrial army« auf den Weg. Im ganzen Land fand das gute Beispiel Nachahmer, so daß bald drei Dutzend Protestzüge sich sternförmig auf die Hauptstadt zu bewegten. In Kalifornien führte ein Charles T. Kelly 1500 Demonstranten an, unter denen auch Hobos und Tramps waren.

Ein Hobo, der anderthalb Jahrzehnte später weltberühmt werden sollte, stieß später dazu: Jack London. Da er aber Schwierigkeiten hatte, sich der geforderten Disziplin der Arbeiterarmee zu fügen, verließ er sie bald wieder. Doch das Wanderleben sagte ihm außerordentlich zu; bis ins nächste Jahr hinein war er in den USA und Kanada unterwegs. Verarbeitet hat er seine Erlebnisse in dem Roman *Abenteurer des Schienenstranges,* in Erzählungen, Essays und einem Tramp-Tagebuch.

Coxeys Aktion ist schließlich gescheitert. Von den landesweit zirka sechstausend Teilnehmern kamen nur knapp dreihundert in Washington an. Jacob Coxey wurde verhaftet und zu zwanzig Tagen Gefängnis verurteilt, da er widerrechtlich den Rasen vor dem Weißen Haus betreten und eine Rede gehalten hatte. Verwirklicht wurde nichts von seinen Vorschlägen; Präsident Grover Cleveland und sein Kongreß waren der Meinung, Massenarbeitslosigkeit sei keine Angelegenheit, mit der die Regierung sich befassen sollte.

Durch den 1897 einsetzenden wirtschaftlichen Aufschwung sanken die Arbeitslosenzahlen, und weniger, wenn auch noch immer weit über eine Million Hobos durchkreuzten das Land. Wanderarbeiter wurden jedoch nicht mehr in dem Maße wie früher benötigt, da die Besiedlung der westlichen Staaten und Territorien derartige Fortschritte gemacht hatte, daß mehr und mehr Hilfskräfte aus den eigenen Reihen rekrutiert werden konnten. Das war nicht nur naheliegender und zuverlässiger, es ließ auch das Problem der Unterbringung gar nicht erst aufkommen. Mancher Farmer und Fabrikbesitzer, der Hobos beschäftigte, hatte seine liebe Not, Schlafstätten für seine Saisonarbeiter zu finden. Noch bis ins frühe 20. Jahrhundert halfen die permanent unterbelegten örtlichen Gefängnisse aus und stellten kostenfrei leere Zellen zur Verfügung. Diese Praxis hörte mit der zunehmenden Kriminalisierung der Wanderarbeiter auf.

Die meisten US-Staaten verabschiedeten im letzten Viertel des 19. Jahrhunderts Gesetze, die Landstreicherei unter Strafe stellten. Jeder, der keinen festen Wohnsitz oder Arbeitsplatz nachweisen konnte, durfte verhaftet und ins Gefängnis geworfen werden. Vorbild dieser schwammig formulierten Gesetze, die Willkürmaßnahmen Tür und Tor öffneten, waren englische Verfügungen aus dem 14. Jahrhundert, die während der Pest erlassen worden waren, um das tödliche Virus nicht zu verbreiten.

Oft arbeiteten Gefängnisdirektoren und Richter zusammen. Der Herr Direktor erhielt nämlich in einigen Gemeinden einen Dollar pro Tag für die Ernährung eines eingesperrten Hobos oder Tramps. Er kaufte pro Tag und Mann für 15 Cent Essen und steckte den Rest in seine Tasche. Je mehr und länger Hobos in den Zellen saßen, desto höher der Profit. Waren die Gefängnisse voll, verhängte der Richter eine Geldstrafe, die knapp der mitgeführten Barschaft des jeweiligen Hobos entsprach.

In der *Daily Gazette* war am 6. August 1875 in Cincinnati folgende Notiz zu lesen:

> *Die Regierung von New Hampshire hat ein sehr strenges Gesetz bezüglich der Tramps erlassen. Jeder Friedensrichter ist berechtigt, sie allein wegen Bettelei zu sechs Monaten schwerer Arbeit auf einer Farm des Regierungsbezirks zu verurteilen. Wenn sie dort nicht gebraucht werden, kann jeder beliebige Bürger beantragen, sie ausgeliehen zu bekommen.*

Doch allein mit Gefängnisinsassen war die Arbeit nicht zu bewältigen. »Während der Erntezeit«, klagte ein Hobo, »bittet uns die Handelskammer, scharenweise anzureisen, und dann werden wir von den Bullen fortgejagt.«

Der zu seiner Zeit populäre Schriftsteller James Parton (1822–1891), Biograf mehrerer US-Präsidenten, schlug in einem Zeitungsartikel vor, Vagabunden in Behälter zu stecken und diese in einem Tempo mit Wasser zu füllen, daß es einem starken Mann darin gelingen würde, es gleichzeitig wieder auszupumpen. Sollte er das nicht schaffen oder sich weigern, würde er eben ertrinken.

Diese und andere Zeitungszitate hat Kenneth Allsop in seinem Buch *Hard Travellin'* versammelt. Auch von Deportation und Erschießung war die Rede. »Die beste Mahlzeit, die man einem Tramp geben kann, besteht aus Blei, und sie sollte in solchen Mengen verteilt werden, daß selbst der unersättlichste Appetit befriedigt wird«, hieß es 1878 im New Yorker *Herald*.

Immer häufiger wurden die Hobos als asoziale Elemente verteufelt, als eine Plage, die mit allen Mitteln auszurotten sei. Eine Zeitung ging sogar so weit vorzuschlagen, den Hobos und Tramps mit Strychnin vergiftetes Essen zu verabreichen. Roger A. Bruns berichtet von einem Polizisten in Delanco, New Jersey, der durchreisende Vagabunden an Bäume auf dem Dorfplatz ketten ließ. Die wehrlosen Männer wurden bald von Moskitoschwärmen übel zugerichtet. In einer anderen Stadt New Jerseys wurden Vagabunden auf einen Stuhl gefesselt und mit Stromstößen gefoltert. Daß solche Methoden illegal waren, störte niemanden. Noch heute verhängen US-Richter unbehelligt sadistische Strafen, die in keinem Gesetzbuch vorkommen.

Als der Governor von Kansas, Lorenzo Lewelling, in einer Proklamation darauf hinwies, daß die Verfassung jedem Bürger das Recht garantiere, sich frei und ungehindert von einem Ort zum anderen zu bewegen, und daß die Gesetze gegen Landstreicherei, die mittellose Personen als Kriminelle einstufen, unmenschlich seien, wurde er von der Presse der Kumpanei mit Linksradikalen und geisteskranken Anarchisten bezichtigt.

Wo hielten sich die Vagabunden auf, wenn sie nicht im Gefängnis saßen oder in notdürftig zusammengezimmerten Verschlägen einer Farm oder der Eisenbahngesellschaften Unterschlupf gefunden hatten, wenn sie nicht im Waggon eines Güterzugs unterwegs waren? Während der warmen Jahreszeiten kampierten und übernachteten sie in den sogenannten Jungles, den Dschungeln; den Winter verbrachten sie überwiegend in den Großstädten, am liebsten in Chicago, der Hauptstadt der Hobo- und Trampbewegung, und schliefen in den Flop- oder Lodginghouses, den Obdachlosenwohnheimen, wo man für einen Nickel (= 5 Cent) oder Dime (= 10 Cent) eine Nacht zusammen mit vielen anderen in einem Schlafsaal verbringen konnte. Betrieben wurden die Lodginghouses von der Gemeinde oder Wohltätigkeitsvereinen mit öffentlicher finanzieller Unterstützung. Populär waren diese Institutionen nicht, da die Gäste sich verpflichten mußten, anfallende Arbeiten ohne Entlohnung zu verrichten, meist vormittags, der besten Zeit, um auf Jobsuche zu gehen.

Zuweilen waren die Schlafsäle der Flophouses nicht einmal mit Betten ausgestattet; man mußte auf dem Fußboden oder auf Holzpritschen nächtigen. Legendären Status genoß »Hogan's Flop« in Chicago, das im Lauf seiner Geschichte mehrmals umzog. Und mit ihm die Wanzen. »Wo immer dieser Laden hinzieht, sie finden sofort die neue Adresse heraus und kommen nach«, sagte einmal ein Hobo. »Die sind noch besser organisiert als die deutsche Armee.«

Komfortabler oder weniger unkomfortabel waren die Roominghouses. Da hatte jeder Gast einen winzigen mit Maschendraht bedeckten Verschlag, der allerdings einen Quarter (= 25 Cent) kostete. Wenn die Lodging- und Roominghouses belegt waren, konnte man in den Missionen, etwa denen der Heilsarmee, Unterkunft finden. Dort erhielt man, wie auch in den Obdachlosenheimen, eine warme Mahlzeit. Umsonst war dieser Service in aller Regel nicht, und selbst wenn, so durfte man ihn auf jeden Fall nur um den Preis in Anspruch nehmen, sich stundenlange, christlich orientierte Mahnpredigten anzuhören.

Roger A. Bruns zitiert einen Hobo, der einen Abend in einer Mission schildert. Kurz vor sieben traf er ein, den Magen zwischen den Knien. Die Missionsleiterin sang mit den Männern erst einmal eine Reihe Kirchenlieder. Um neun Uhr sangen sie noch immer.

Wir glaubten nun, endlich zu einer Mahlzeit eingeladen zu werden, aber die Seele zu läutern dauert eben seine Zeit. »Will jemand Zeugnis ablegen?« fragte die Leiterin. Niemand rührte sich. »Wer will bezeugen, daß er erleuchtet wurde? Wer dürstet nach Vergebung seiner Sünden?« fuhr sie fort. Der Mann neben mir stand auf und sagte, er habe getrunken, gespielt, geraucht und schwer gesündigt, aber der Allmächtige habe ihn gerettet. Ich habe Grund zu der Annahme, daß sein Zeugnis vom Hunger diktiert war. »Preiset den Herrn«, sagte die erfreute Leiterin. »Halleluja!« fielen ihre Kollegen ein. Die Leiterin und ihre Freunde sanken auf die Knie riefen verzückt Gott an und weinten vor Glück.

Um halb zehn versiegten die Lobpreisungen, jetzt würde es etwas zu essen geben. Doch halt! Die Leiterin kündigte eine Predigt an.

Der Mann zu meiner Linken, der Zeugnis abgelegt hatte, flüsterte: »Laß uns verschwinden aus diesem Irrenhaus. Hier kriegen wir frühestens bei Sonnenaufgang was zu essen.« Ich stimmte ihm zu.

Die Missionen, denen es ohnehin weniger um Linderung der Not zu tun war als um die Rettung verlorener Seelen, wurden nur im äußersten Notfall aufgesucht. Sie führten Statistiken über die Anzahl der Übernachtungen und verabreichten Mahlzeiten, notierten aber auch, wie vielen Obdachlosen sie den rechten Pfad gewiesen hatten.

Immerhin waren das jedes Jahr ein paar tausend Männer, von denen ein erheblicher Prozentsatz allerdings wieder rückfällig wurde, vor allem, wenn die finanzielle Lage es gestattete, Saloons und Bordelle aufzusuchen. Die Statistik sagt nichts darüber aus, wie viele der Bekehrten ihren neu gefundenen Glauben nur vorgetäuscht haben, um sich das Wohlwollen der Missionsleitung zu sichern. Naturgemäß waren es vorwiegend ältere Hobos, Tramps und Bums, die ein offenes Ohr für die frohe Botschaft hatten, jene also, die nicht mehr an eine Besserung der Verhältnisse glaubten und den Kampf aufgegeben hatten.

Die größten Erfolge bei der Seelenrettung wurden verzeichnet, wenn Frauen den verarmten Männern ins Gewissen redeten. Schnell hatten die Missionen herausgefunden, daß die Obdachlosen, die oft monate- oder jahrelang keinen Sex mehr gehabt hatten, es als eine Wohltat empfanden, wenn eine Frau sich ihrer annahm, wenn auch nur, um mit ihnen das Wohlergehen im Jenseits zu diskutieren.

Relativ populär unter den Missionsleitern war nur Charles Langsman von der »Bible Rescue Mission« in Chicago. Langsman hatte selbst jahrelang das Leben eines Tramps geführt und wußte, daß die Obdachlosen zunächst einmal nach leiblicher Nahrung lechzten. »Erst kommt das Fressen, dann die Moral«, heißt es bei Brecht. Langsmans größtes Anliegen war es nicht, Seelen zu retten, sondern Leben. Zahllosen gestrandeten Existenzen hat er mit Rat und Tat geholfen, wieder eine menschenwürdige Existenz zu führen. Berühmt waren seine einmal jährlich stattfindenden Picknicks. Mit Lastwagen wurden die Bewohner der Gegend um West Madison aufs Land gefahren und reichlich bewirtet.

Eine Tasse Kaffee hin, eine Mahlzeit her, die Missionen wurden als der letzte Rettungsanker betrachtet. Wer in den Flophouses nicht unterkam, wandte sich dann doch lieber an die Polizeireviere, die einige Jahrzehnte lang allen verfügbaren Raum ihrer Büros, Keller, Flure und Treppenhäuser den Hobos und Tramps als kostenlose Übernachtungsmöglichkeit überließen. Ab 1890 verbuchten die Reviere allein in New York an die 150 000 Übernachtungen obdachloser Männer. Die segensreiche Praxis wurde zu Anfang des 20. Jahrhunderts nach und nach aufgegeben, da sie von der Öffentlichkeit als skandalös empfunden wurde. Unterstützt oder gar erst ausgelöst wurde diese Trendwende von der konservativen Presse.

Es gab Hobos, die selbst aktiv wurden, Selbsthilfeorganisationen gründeten und versuchten, das Los ihrer Leidensgenossen erträglicher zu gestalten, vor allem was Unterkünfte betraf. Zu nennen in diesem Zusammenhang sind vor allem der »Millionär-Hobo« James Eads How, über den im nächsten Kapitel zu berichten sein wird, und Jeff Davis, der aus Cincinnati stammte, mit dreizehn Jahren von zu Hause abgehauen war, in Güterzügen das Land durchquerte, 1908 in seine Heimatstadt zurückkehrte und zusammen mit 32 Gesinnungsgenossen die »Hobos of America, Inc.« gründete. In New York, Seattle und Cincinnati eröffnete er Obdachlosenheime, die alle »Hotel de Gink« hießen. In der heutigen Bedeutung heißt »gink« soviel wie Blödmann, damals verstand man darunter einen mittellosen Unglücksraben. Nicht jeder wurde aufgenommen:

> *Nur wirkliche Hobos sind hier zugelassen; keine Spinner und Prediger, keine Sozialisten oder Anarchisten. Wer nach Mitleid sucht, soll im Wörterbuch unter M nachschlagen. Dies ist ein Hotel für Gentlemen; machen Sie nichts, das Sie nicht im Haus Ihrer Mutter machen würden.*

Das betont Unpolitische seiner Häuser hatte den Zweck, vermutet Bruns wohl zu Recht, Sympathiepunkte bei den Bürgern der jeweiligen Stadt zu sammeln, war Davis doch auf Geld- und Sachspenden angewiesen. Seine Hotels waren nebenbei Arbeitsvermittlungsstellen, die den ausbeuterischen privaten und wenig effektiven kommunalen Agenturen Konkurrenz machten. Überdies gab Davis eine Zeitschrift heraus, die *Hobo News Review,* in der er die diskriminierenden, verfassungswidrigen und unmenschlichen Vagabundengesetze bekämpfte. Doch das alles war ihm nicht genug; im ganzen Land warb er für Projekte zur Arbeitsbeschaffung und hielt Vorträge in Schulen, um die Kinder vor den Lockungen eines Wanderlebens zu warnen. Dann organisierte er noch jährliche Kongresse für die Mitglieder der Hobos of America, während deren die Teilnehmer den Hobo-Eid ablegen mußten:

> *Ich [Name] gelobe hiermit feierlich, alles in meiner Macht Stehende zu tun, jenen beizustehen, die willens sind, sich selbst zu helfen. Ich verpflichte mich, allen Kindern, die von zu Hause davongelaufen sind, zu helfen und sie zu überreden, ins elterliche Heim zurückzukehren. Ich schwöre feierlich, niemals als Streikbrecher gegen irgendeine Arbeiterorganisation tätig zu werden und alles in meiner Macht Stehende zu tun, das der Verbesserung meiner selbst, meiner Organisation und der Arbeiterbewegung dient, so wahr mir Gott helfe.*

Ganz so unpolitisch, wie es seine Hotelordnung glauben machen wollte, war Jeff Davis wohl doch nicht.

Erwähnt seien noch die Barrel-houses, die 1920, als das Prohibitionsgesetz in Kraft trat, rasch verschwanden. Diese Unternehmen waren eine Kombination aus Übernachtungsheim, Saloon und Bordell. Aufgesucht wurden sie von Hobos, die etwas Geld gespart hatten. Meist verpraßten sie ihre Barschaft binnen weniger Nächte, darin den Matrosen nicht unähnlich, und jagten wieder schlecht bezahlten Jobs nach, sich fest vornehmend, das nächste Mal vernünftiger mit ihrem Geld umzugehen.

Die dauerhaftesten Gäste der Lodging- und Roominghouses waren übrigens eine Untergruppe der Hobos, die Home guards, nichtwandernde Arbeiter, die selten länger als einen Tag bei einem Job blieben. Natürlich konnten sie nur in Großstädten überleben, wo es genügend Möglichkeiten gab, kurzfristig Arbeit zu finden, etwa in den Fabriken, in Lagerhallen oder im Hafen. Don D. Lescohier hat in seinem Buch *The Labor Market* den Home guard so charakterisiert:

> *Im Extremfall sucht der Gelegenheitsarbeiter nie länger als für einen Tag Arbeit. Er lebt strikt nach der Maxime, nicht an morgen zu denken. Wenn du ihn fragst, warum er keiner geregelten Tätigkeit nachgeht, wird er antworten, daß er das ja gerne täte, doch habe er nicht genügend Geld, um bis zum Zahltag über die Runden zu kommen, und niemand gebe ihm einen Kredit. Wenn du ihm einen Vorschuß anbietest, wird er das Geld und den Job, den du ihm anbietest, akzeptieren, aber nicht am Arbeitsplatz aufkreuzen oder bestenfalls nach einem Tag kündigen. Was Arbeit und Leben betrifft, hat er ein Niveau erreicht, das es ihm so gut wie unmöglich macht, für eine feste Anstellung wieder tauglich zu werden. Er verfügt nicht über den Wunsch, den Willen, die Disziplin, den Ehrgeiz und die Arbeitsgewohnheiten, die dafür notwendig wären.*

So deprimierend das Leben in den Flophouses gewesen sein mag – man denke nur an die Schlafsäle, in denen Dutzende schnarchender Männer in von Wanzen und Flöhen verseuchten Betten lagen –, so gut waren sie gewöhnlich ausgestattet. Neben einem Versammlungs- und Speiseraum gab es Raucherzimmer, Waschräume, eine Turnhalle, eine Ausnüchterungszelle und sogar eine Bibliothek. Die Bibliothek des »Newberry Shelter« in Chicago etwa enthielt eine *Encyclopedia Britannica,* rund 700 Bücher sowie Magazine, Groschenheftchen und Tageszeitungen.

Der bereits erwähnte Jesse Walter Dees, Jr., einst selbst Hobo, hatte sich in den Wohnheimen Chicagos gründlich umgesehen, das heißt, er hat zahllose Nächte in diesen Institutionen verbracht und von Anfang an Tagebuch geführt, um die Verhältnisse in seinem Buch *The Flophouse* so authentisch wie möglich nachzeichnen zu können. Nirgends sind die Lebensbedingungen in den Wohnheimen ausführlicher und genauer beschrieben worden, darum seien ein paar Zitate gestattet:

> *Als ich beim Newberry Shelter ankam, folgte ich den Männern in den verräucherten Empfangsraum und stellte mich mit den anderen zum Abendessen an. Der Mann hinter mir sagte: »Bin gespannt, was sie uns heute vorsetzen.« Hinter ihm sagte einer: »Wahrscheinlich irgendeinen verdammten Eintopf.« –»Scheißeintopf«, sagte der erste, »ist kein Stück Fleisch drin.«*

Dees erhält einen Teller mit Spinat, drei Scheiben Brot, Makkaroni mit etwas Käse sowie einen Reispudding zum Nachtisch. Er bekommt einen Platz angewiesen, wo bereits ein Becher voll Tee steht. Brot und Tee darf man sich beliebig oft als Nachschlag holen.

Die Männer aßen schnell und ohne zu reden. Ich sah mich um und versuchte, meine Genossen einzuschätzen. Es gab vier Hauptgruppen: 1) Alte und Behinderte; 2) Minderjährige; 3) Bums, Tramps, Hobos und andere Gelegenheitsarbeiter; 4) Arbeitslose. Nach dem Essen stellte ich Geschirr und Besteck in ein Becken, wo alles abgewaschen wurde. Ich ging in die Bibliothek, die überfüllt war. Nur noch ein Sitzplatz war frei. Ich blätterte kurz ein paar Magazine durch und begab mich in den Freizeitraum, wo die Männer Karten spielten. Das Licht war einigermaßen gut, doch schwerer Rauch hing in der Luft. Während des Pokerspiels wurde laut geflucht.

Dann steigt er in den Keller, wo er eine Stunde ansteht, ehe er den großen Duschraum betreten und seine Kleider zum Ausräuchern abgeben kann. Nur die Schuhe darf man behalten und seinen Hut, in dem man seine paar Habseligkeiten verstaut. Ist das alles erledigt, erhält man eine Quittung für seine Kleider, worauf man ein Nachthemd ausgehändigt und sein Bett in einem der Schlafsäle zugewiesen bekommt.

Ich wurde aufgefordert, mein Bett selbst zu überziehen. Das Bettzeug bestand aus zwei Leintüchern, einer Armeedecke, einer leichten Steppdecke, einem Kopfkissen, einem Kopfkissenüberzug, aus einem Mehlsack hergestellt, sowie einer weichen, stinkenden Matratze. Die vierundzwanzig Eisenpritschen in dem ehemaligen Klassenzimmer waren in einem Abstand von je sechzig Zentimetern aufgestellt. Die Luft war stikkig.

Dees fragt seinen Nachbarn, um wieviel Uhr die Nacht zu Ende sei, und erfährt, daß man einmal um halb sechs und ein zweites Mal eine Stunde später geweckt werde.

Ich fragte ihn auch, warum er in seiner Unterwäsche schlafen dürfe, während ich ein Nachthemd tragen müsse. Er sei ein »Stammgast«, antwortete er, und müsse nur einmal monatlich zur Ausräucherung.

Zunächst hindert der starke Desinfektionsgeruch der Bettwäsche Dees am Einschlafen. Aber das ist nicht alles:

Während der ganzen Nacht gab es erstaunlich viel Gehuste und sonstige Störungen. Besonders ein Mann konnte keine Ruhe geben. Unentwegt erhob er sich und spuckte ausgiebig auf die Zeitung neben seinem Bett. Das Ungeziefer war auch ganz schön schlimm. Das gelegentliche Stechen und Beißen war weniger schlimm als das ständige Krabbeln. Um Mitternacht kontrollierte ein Mann des Personals, ob niemand aus seinem Bett abgehauen war, und schaltete die Notbeleuchtung aus.

Um halb sechs kommt er zurück zum Wecken.

Ich wachte müde und durchfroren auf. Die Decken hatten kaum warm gehalten. Durch die leicht geöffneten Fenster pfiff der Wind, vertrieb jedoch nicht den widerlichen Gestank der Desinfektionsmittel und der schwitzenden Körper. Das alles war einem gesunden Schlaf wenig förderlich. Die Männer standen mit ausdruckslosen Gesichtern auf und sprachen kein Wort.

Jesse Dees macht sein Bett und geht in den Keller, wo er seine Kleider zurückerhält und sich anzieht. Danach inspiziert er die Toiletten.

Die Urinbecken waren schlichtweg verdreckt. Der ganze Boden war mit Papier und Schmutz übersät, während überall Bäche alten und streng riechenden Urins flossen, durch die man geradezu hindurchwaten mußte. Die Toiletten selbst waren in einem halbwegs akzeptablen Zustand, hatten aber keine Klodeckel.

In einer anderen Untersuchung wird festgestellt, daß es in einem Heim für hundert Mann zwei Toiletten gab.

Als nächstes nimmt Dees die Ausnüchterungszelle in Augenschein, in der, wie er später erfährt, nicht nur weitergetrunken, sondern auch gestritten und geprügelt wird. Der hygienische Zustand gleicht dem der Toiletten. Nun begibt er sich zum Versammlungsraum, dessen Eingang von zwei amerikanischen Flaggen und dessen Inneres von einem patriotischen Wandgemälde geziert wird. Offenbar sollen die Elendesten der Elenden kurz vor der Gosse noch ein wenig Nationalstolz entwickeln; immerhin leben sie in Gottes eigenem Land, in dem bekanntlich jeder eine Chance hat, wie die Dollarmillionen der Herren Rockefeller und Carnegie beweisen.

Während seines Rundgangs bemerkt Dees zahlreiche Schilder mit der Aufschrift »Bitte nicht auf den Boden spucken«.

Überall stehen Spucknäpfe, doch könnte man das ganze Wohnheim als einen Spucknapf bezeichnen, da die Männer überall hinspuckten, wo es ihnen beliebte: in der Bibliothek, im Speisesaal, in den Gängen, in den

> *Schlafsälen. Die Fußböden sind von Zigarettenstummeln übersät. Das Küchenpersonal raucht während der Arbeit. Abfallpapier und Zeitungen fliegen im ganzen Gebäude herum, was die Brandgefahr erhöht.*

Zum Essen notierte er:

> *[Es] war frugal, stark gewürzt und nicht allzu gut zubereitet. Einige Mahlzeiten waren völlig verdorben. Mir wurden verfaulter Fisch serviert und rohes Schweinefleisch, eine Suppe, in der ein Wurm schwamm, und saure, grüne Orangen.*

Die Mahlzeiten waren trotz der minderen Qualität begehrt. Jeden Tag standen die Obdachlosen geduldig an.

> *Die Schlange ist etwa hundert Meter lang, immer zwei Männer nebeneinander. Die Wartezeit dauert von dreißig Minuten bis zu zweieinhalb Stunden. Einige Oldtimer schlafen beim Eingang auf Zeitungen, um sich vorne anstellen zu können. Wer sich vordrängt, wird grob zurechtgewiesen. Die alten Veteranen, die auch die ersten im Bett sind, sind um vier Uhr morgens auf, um beim Frühstück gleich dranzukommen. Bald sind sie wieder so hungrig, daß sie um halb zehn fürs Mittagessen anstehen.*

Die dürftige Qualität des Essens mag mit dem Geldmangel der Wohltätigkeitsorganisationen erklärt werden, war aber nur Ausdruck einer kurzsichtigen Politik. Schließlich wollte man die Insassen so schnell wie möglich wieder loswerden, das heißt, in irgendein Berufsleben neu eingliedern. Berufsleben aber hieß in diesem Fall meist schwere körperliche Arbeit. Ohne eine gesunde, kräftige Ernährung waren die Bewohner jedoch kaum für mögliche Jobs gerüstet. Den gleichen Fehler machten die Arbeitgeber selbst. Sie ernährten die Hobos nicht, sie begnügten sich damit, sie notdürftig zu sättigen, in der irrigen Annahme, dadurch Geld zu sparen.

Wer es sich leisten konnte, aß in einer der auf Hobos spezialisierten Gaststätten. Da erhielt man für zehn Cent einen Teller Cornflakes mit Milch oder Wurst mit Kartoffelbrei oder für zwanzig Cent ein Roast Beef. Wer sparsam lebte, sich auf das Notwendigste beschränkte, in Flophouses wohnte und das schlechte Essen dort akzeptierte, konnte in den Jahren nach dem Ersten Weltkrieg mit vierzig Cent pro Tag über die Runden kommen.

Jeder Tramp und Hobo kannte eine Adresse in Chicago, wo es gratis Kaffee und Brot gab und für ein paar Cent eine warme Mahlzeit: »Mother's Restaurant«, Ecke Ninth und State Street. Ursprünglich hatten »Mother« Greenstein und ihr Mann ein florierendes Barrel-house betrieben, das jedoch mit Inkrafttreten der Prohibitionsgesetze schließen mußte. Die äußerst beliebte »Mother« stand ab halb fünf Uhr morgens in der Küche, während der Vater die obdachlosen Gäste bewirtete. Und nebenbei hatten sie noch Zeit für ihre sieben Kinder. Berühmt war ihr alljährliches Thanksgiving Dinner, das sie das »Feast of the Outcasts« nannte. Niemand brauchte zu bezahlen, eingeladen waren nicht nur die Wanderarbeiter, sondern auch

> *reformierte Räuber, erfolglose Alkoholschmuggler und Schwarzbrenner, ehemalige Gangster und einstige weiße Sklavenhändler, Ex-Sträflinge und Ex-Revolverhelden, enttäuschte Agitatoren, Seifenkistenredner und*

> *Spucknapf-Philosophen und alle Gestrandeten, die von der Regierung, der Gesellschaft und Kirche heutzutage links liegengelassen werden.*

In einem späteren Abschnitt kommt Dees auf die medizinische Versorgung in den Wohnheimen zu sprechen:

> *Die Untersuchungen sind so kurz, daß ihnen keinerlei Bedeutung zukommt. Der Arzt schaut in den Mund, untersucht den Patienten oberflächlich nach Geschlechtskrankheiten und horcht zwei oder drei Sekunden lang das Herz ab. Dann wird der Patient in eine von vier Kategorien eingeteilt (A, B, C oder D), die den Grad seiner Arbeitsfähigkeit klassifizieren.*

Eine (bis heute) kaum existierende Gesundheitsvorsorge in den USA traf die Wanderarbeiter besonders hart. Da sie nur immer für ein paar Tage oder Wochen Arbeitgeber hatten und sich eine Privatversicherung nicht leisten konnten, waren sie bei Erkrankungen oder Arbeitsunfällen übel dran. Und Arbeitsunfälle waren in ihren Kreisen besonders häufig, da sie mit Vorliebe gefährliche und darum gutbezahlte Jobs annahmen – als Sprengmeister beim Tunnelbau oder als Bauarbeiter bei der Errichtung von Wolkenkratzern, wo aus Sparsamkeitsgründen nie Netze gespannt wurden. Ein abgestürzter Arbeiter kostete nichts im Gegensatz zu einem langwierig gespannten Netz. Den Vorschlag, Arbeiter mittels um die Hüfte und an das Gerüst gebundene Seile zu sichern, lehnten diese selbst ab, da das Seil sie bei der Akkordarbeit behindert hätte. Es wurde als Erfolg gefeiert, daß während des Baus des Empire State Buildings nur sechs Arbeiter ums Leben kamen.

Krankheit oder Unfall – wenn es nicht anders ging, reisten die Hobos nach Chicago, wo es Armenärzte gab, die auch schon mal umsonst behandelten.

Immerhin standen in den Wohnheimen ein Friseur, ein Schuster, ein Schneider und eine Wäscherei zur Verfügung. Für ein paar Cent konnte man sich auch in den Barber Colleges die Haare schneiden lassen, wo Friseurlehrlinge an mutigen Kunden ihr Handwerk erlernten. Besonders beliebt waren Betriebe mit weiblichen Lehrlingen, kam der Hobo doch wenigstens hier für eine Viertelstunde in Genuß, von Frauenhänden berührt zu werden.

Ein eigenes Kapitel widmet Dees den Gesprächsthemen in den Obdachlosenwohnheimen. Vornehmlich wird über Sex, die Vergangenheit (die einstigen guten Jobs), die Sozialhilfe, die es einem vielleicht mal ermöglicht, dem Wohnheim zu entkommen, die Sozialhelfer und die Heimverwaltung, Trinken und Glücksspiel gesprochen.

»Sex? Vergiß es. Scheiße, Mann, du bist jetzt ihm Wohnheim.«

»Hüte dich vor den Tussis, die dich im Saloon auffordern, sie zu einem Drink einzuladen. Sie ziehen dich jedesmal bis aufs letzte Hemd aus.«

Stundenlang erzählen die Männer, wie sie die tollsten Frauen »rumgekriegt« haben. Und wie sie beinahe mal reich geworden wären. Angebereien, wie wir sie zu später Stunde in jeder Kneipe hören können, Angebereien, die auf Bewunderung der Zuhörer aus sind, um das Selbstwertgefühl eines Menschen mit verpfuschtem Leben zu heben. Ein beliebtes Gesprächsthema dieser Männer war auch, wie schlecht sie von den Sozialarbeitern behandelt werden.

Voll belegt waren die Flophouses während der kalten Jahreszeit. Die Zahl der Obdachlosen in Chicago schwankte je nach Jahreszeit zwischen 30 000 und 75 000.

In den warmen Monaten gab es noch andere Unterkünfte. Die Schlafbaracken der Eisenbahngesellschaften und die Schlafkojen für Holzfäller etwa. Größere Farmbetriebe stellten ebenfalls primitive Stätten bereit und zogen den Wanderarbeitern die Kosten für Logis und Verpflegung von dem ohnehin spärlichen Lohn ab. Oft wurden sie gezwungen, in dem extra eingerichteten Kramladen der Farm einzukaufen, dessen Preise weit über dem Durchschnitt lagen. Wer es wagte, woanders etwas zu erstehen, wurde fristlos entlassen.

Weitgehend unabhängig von den Jahreszeiten und verschont von haarsträubenden Arbeitsbedingungen war nur ein Berufszweig unter den Wanderarbeitern: jener der Zigarrendreher. Fast in jeder Stadt der USA gab es noch zu Anfang des 20. Jahrhunderts eine Zigarrenfabrik. Die Zigarette in der heutigen Form war erst um die Mitte des 19. Jahrhunderts auf den Markt gekommen und verdrängte nur langsam die populäre Zigarre. Aus welchen Gründen auch immer – in den Zigarrenfabriken wurden fast ausschließlich Hobos angestellt. Nahezu alle Zigarrendreher gehörten einer eigenen Gewerkschaft an, und das war damals die einzige amerikanische Gewerkschaft, die funktionierte. Ein Hobo, der die Kunst des Zigarrendrehens beherrschte, mußte sich nur in der jeweiligen Stadt im Gewerkschaftsbüro melden, und schon wurden ihm oder ihr Arbeit und Unterkunft vermittelt. Falls am Ort keine Arbeitsstelle frei war, dauerte es nicht lange, bis die Gewerkschaft woanders etwas gefunden hatte. Die meisten Hobos allerdings waren ungelernte Arbeiter, was die Jobsuche nicht gerade erleichterte.

Waren sie unterwegs, kampierten die Hobos und Tramps in den Jungles, den Dschungeln, wie sie die Freilichtlager in der Nähe der Bahngleise nannten. Diese mußten mit Sorgfalt ausgewählt werden, hatte man doch darauf zu achten, daß sie in der Nähe einer größeren Siedlung lagen, wo es vielleicht Arbeit oder etwas einzukaufen oder zu klauen gab, doch außerhalb des Zuständigkeitsbereichs des Polizeichefs. Wasser mußte in der Nähe sein, damit man abspülen und sich waschen konnte, zwei Tätigkeiten, auf die die Tramps keinen, die Hobos großen Wert legten. Auch ein Wald oder Gehölz durfte nicht zu weit entfernt sein, als Schutz vor der Sonne und um Brennholz sammeln können, unerläßlich für ein Lagerfeuer in kalten Nächten und zur Zubereitung einer kollektiven Mahlzeit. Gewöhnlich gab es im Dschungel einen Mulligan Stew. Die Ingredienzien mußten gekauft und erbettelt werden. Hier ein typisches Rezept:

18 Pfund mageres, gewürfeltes Rindfleisch · 25 Pfund gewürfelte Kartoffeln · 25 Pfund in Scheiben geschnittene Karotten · 5 Pfund gehackte Zwiebeln · 2–3 Bündel gehackte Selleriestangen · 3 gewürfelte Kohlköpfe · 8–16 Dosen grüner Bohnen · 2 große Flaschen Sojasoße · 1 Flasche Louisiana Hot Sauce · 4–5 große Dosen Tomatensaft · Knoblauchpulver · Salz und Pfeffer · Kräutermischung · 1 Pfund Margarine · einige Lorbeerblätter (vor dem Servieren herausnehmen) · 8–16 Dosen Mais · 4 Pfund Maismehl

Vier Liter Wasser in einem großen Topf über einem offenen Feuer zum Kochen bringen, das Fleisch hineingeben und mit einer Rahmkelle allen Schaum abschöpfen. Gemüse, Tomatensaft und Margarine hinzugeben, die Kartoffeln erst 30 oder 40 Minuten, ehe der Eintopf fertig ist. Mit einem frischen, entrindeten Ast gelegentlich umrühren. Zwei Stunden auf kleiner Flamme kochen, Wasser beigeben, wenn nötig. Sojasoße und Gewürze hinzufügen und abschmecken. Noch eine halbe Stunde köcheln lassen. Dann das Kornmehl durch ein Sieb unter ständigem Umrühren in den Eintopf geben, bis die gewünschte Konsistenz erreicht ist. Ergibt 200 Portionen.

Natürlich war es nicht einfach, all der Zutaten habhaft zu werden. Wenn das Geld nicht reichte, um sie kaufen zu können, wurde man seinen Prinzipien gelegentlich untreu und klaute – auf den nahegelegenen Feldern, in Ställen oder in Kaufläden. Ben Reitman schildert in seinem Buch *Sister of the Road* (dt. *Boxcar Bertha)*, wie man solche unlauteren Aktionen mit seinem Gewissen zu vereinbaren wußte. Bertha hatte mit einigem Entsetzen beobachtet, wie ihre Freundin May ungeniert bei zwei Lebensmittelhändlern die noch fehlenden Zutaten für den abendlichen Mulligan mopste.

»Findest du das richtig, so einen Korb Lebensmittel zu stehlen?« fragte ich May.

»Fändest du es richtig, wenn wir die Leute draußen im Camp hungern ließen?« konterte sie. Aber mir war das gar nicht recht.

»Mir wäre wohler, wenn ich sie bezahlt hätte«, sagte ich. »Ich habe ja ein wenig Geld.«

»Sei kein Dummkopf«, sagte May.

Bertha ist noch Anfängerin, der bürgerlichen Erziehung verhaftet, aber sie wankt bereits.

»Irgendwann werde ich vielleicht stehlen, aber im Augenblick noch nicht … Ich glaube nicht, daß meine

Mutter oder meine Großmutter begeistert wären, wenn ich ihnen erzählte, daß ich die Lebensmittel gestohlen habe«, beharrte ich.

Ich wollte tatsächlich hinübergehen und sie bezahlen, doch sie hielt mich fest.

»Warum gehst du denn dann nicht rüber zum Bahnhof und bezahlst der Bahngesellschaft die ganzen Fahrten, die du ihr gestohlen hast?« fuhr sie mich an. »Ist das etwa schlimmer, etwas zu essen zu stehlen, als der Bahngesellschaft Fahrten zu stehlen?«

So hatte ich das noch nie gesehen. Ich war noch nie auf die Idee gekommen, daß ich die Bahn bestahl, wenn ich in einem Güterwagen fuhr.

Wie es nach dem Verzehr des Mulligan in einem Dschungel zuging, auch das lesen wir in *Boxcar Bertha:*

Nach dem Essen halfen wir Mädchen beim Abwasch und scheuerten die Töpfe und Pfannen blank, dann (...) setzten wir Älteren uns für den kühlen Abend an einem großen Feuer zusammen.

Es war ein buntes Völkchen. Die Männer waren für das Leben auf der Straße gekleidet, trugen Overalls und Jacken, und die meisten Frauen hatten sich für die Rast in buntbedruckte Kleider, Baumwollstrümpfe und einfache Halbschuhe umgezogen. Nur ein paar wenige besaßen Mäntel. Drei Männer holten ein Akkordeon, eine Fiedel und eine Querpfeife hervor (...) Zigaretten und Tabak wurden herumgereicht, und fast alle rauchten. Drei Frauen pafften Maiskolbenpfeifen, und eine kleine, grauhaarige Frau von ungefähr sechzig holte aus ihrer Tasche eine Handvoll Zigarrenstummel hervor und begann daran zu kauen, wobei sie die größten an ihre Freundin »Sunshine Molly« weitergab. Molly war groß, von der Malaria gezeichnet und kam aus South Carolina; sie war mit ihrem erwachsenen Sohn Slim unterwegs. Sie kaute die Zigarrenstummel nicht, sie steckte sie an.

»Mam«, bettelte Slim, »kann ich die Reste haben, wenn du fertig bist?«

Erzählt wurde hauptsächlich von den Reisen (...)

Die Anwesenheit von Frauen und Kindern in diesem Dschungel verrät, daß hier eine Szene aus den dreißiger Jahren beschrieben wird, als ganze Familien geschlossen auf Wanderschaft gingen, in der verzweifelten Suche nach Arbeit. In den Jahrzehnten davor bildeten Frauen unter den Hobos und Tramps eine verschwindende Minderheit, zumal die meisten Hobos und Tramps unverheiratet waren. Wer auf Wanderschaft ging, tat das nicht allein aus wirtschaftlicher Not, er wollte auch gesellschaftlichen Zwängen entkommen. Der rigiden Erwartung – Schule, College, ordentlicher Beruf, Ehe, zwei oder drei Kinder, Barbecueparty für die lieben Nachbarn, Thanksgiving im Kreis der glücklichen Familie – setzten sie ein uramerikanisches Ideal entgegen – das der Freiheit. Daß dieses Ideal allgemein anerkannt, die Lebensweise der Hobos und Tramps jedoch von der Mehrheit verurteilt, wenn nicht gar bekämpft wurde, zählt zu den vielen Widersprüchlichkeiten der amerikanischen Gesellschaft. Es gibt viele und kluge Feststellungen über Amerika und die Amerikaner, man sollte nur eins im Auge behalten – meist ist das genaue Gegenteil ebenso zutreffend.

Zurück zu den Frauen. Wenn sie nicht mit dem Ehemann oder Freund unterwegs waren, eine seltene Ausnahme, handelte es sich um Prostituierte oder verwegene

Mädchen, die fast immer Männerkleidung trugen und sich oft als Männer ausgaben und den Lockungen des Fernwehs erlegen waren. Schneller als ihre männlichen Kollegen mußten sie feststellen, daß die Freiheit ihren Preis hat, genauer, daß man lediglich die gesellschaftlichen Zwänge gegen die des nackten Überlebens eingetauscht hatte, die gewählte Lebensform alles andere als angenehm und erfreulich war. Zudem war sie auch gefährlich, denn das Aufspringen auf einen fahrenden oder auch nur anfahrenden Güterzug wollte gelernt sein, auch mußte man wissen, wie man der brutalen Eisenbahnpolizei entflieht. Kein Hobo, kein Tramp, ob männlich oder weiblich, ist ihr auf Dauer entkommen, alle sind sie irgendwann mal erwischt und eingelocht worden. Alle hatten binnen Jahresfrist Geschichten über Gefängnisaufenthalte und Zwangsarbeit zu erzählen.

Am schlimmsten dran waren die minderjährigen Jungs, die Punks, die mit einem Jocker reisten. Die Punks waren meist Jugendliche der Unterschicht, die von zu Hause abhauen oder die Schule nicht beenden wollten und sich einem erfahrenen Hobo oder Tramp anschlossen, der sie gewöhnlich gnadenlos ausbeutete – nicht nur sexuell. Die Punks mußten ihren Herren stets zu Diensten sein, ihnen Essen kochen, das Geschirr spülen, die Schuhe putzen, sie mußten sie rasieren, für sie betteln und stehlen. Als Gegenleistung erhielten sie einen gewissen Schutz und praktischen Unterricht in Überlebenstechniken.

Es kam auch vor, daß Punks mehrmals ihren Besitzer wechselten. Sie wurden nicht selten verkauft. Der normale Preis war ein Dollar. Ein besonders effektiver, folgsamer und gut abgerichteter Punk konnte jedoch bis zu fünf Dollar bringen.

Voller Ironie schildert John Schoolcraft in dem erwähnten Werk, wie zwei Tramps überlegen, ob sie ihrem Punk nicht eine ordentliche Ausbildung angedeihen lassen sollen – zum Taschendieb:

> *Du mußt es mal so sehen, wir haben jede Menge an Kopfzerbrechen und harte Arbeit und Selbstaufopferung in den Jungen investiert. Stell dir vor, wir schicken ihn jetzt los, und er taucht in die Tasche von irgendeinem älteren Herrn und wird erwischt. Dann ist es aus mit ihm, und wir haben nichts von unserer Investition. Aber wenn wir warten, bis er in einer guten Bande ist, die ihr Handwerk versteht, könnte er uns jahrelang nützlich sein. Dann müssen wir nur abwarten und können uns jährlich bis zu fünfzehntausend [Dollar] teilen.*

Josiah Flynt war einer der ersten, die ausführlich über Hobos und Tramps schrieben. Sein 1893 erstmals aufgelegtes Buch *Tramping With Tramps* basiert auf zehn Jahren eigener Erfahrung. Er geht von der Annahme aus, daß alle Landstreicher mehr oder minder kriminell seien, eine Behauptung, die er durch seinen eigenen, reichlich langweiligen Bericht widerlegt. Später wechselte Flynt die Seiten und wurde als Berater der Eisenbahngesellschaften tätig, um ein Konzept zu entwickeln, das dem »Hobo-Unwesen« ein Ende bereiten sollte, was freilich nicht gelang.

Auch Flynt macht sich über die Punks einige Gedanken. Er meint, allein die Existenz der Eisenbahn sei schuld am Problem der Kinder- und Jugendtramps. Müßten sie zu Fuß gehen oder trampen, würden sie es nach ein paar Wochen oder Monaten wieder aufgeben und in den Schoß der Familie zurückfinden. So aber seien sie in der Lage, mühelos weite Strecken zurückzulegen, und verfielen dem

»Eisenbahnfieber«, einer unheilbaren Dauerkrankheit, die es ihnen unmöglich macht, sich irgendwo niederzulassen. Raeithels These von der schwach entwickelten Objektbindung läßt auch eine umgekehrte Interpretation zu: Weil sie unfähig waren, sich niederzulassen, kam die Eisenbahn der von ihnen gewählten Lebensweise entgegen.

In einem der wenigen lesenswerten Kapitel seines Buchs erzählt Flynt von einem befreundeten Tramp, der ihm seinen Punk aufschwatzte, mit der Bitte, ihn unterwegs bei dessen Mutter abzuliefern. Der Freund war vor Jahren in einer Kleinstadt im Mittleren Westen gewesen und hatte die Adresse einer Frau erhalten, die angeblich jeden Hobo und Tramp in ihrem Haus verköstigen und übernachten lasse. Tatsächlich war der Tramp bewirtet worden, und während er aß, hatte ihm die Frau erzählt, daß ihr Sohn aus Abscheu vor der Schule abgehauen sei, um sein Glück als Tramp zu versuchen. Seitdem biete sie jedem Landstreicher Quartier, immer in der Hoffnung, etwas über ihr Kind zu erfahren. Aus Höflichkeit hatte der Freund versprochen, der Sache nachzugehen. Als er zwei Jahre später einen Punk kaufte, erfuhr er, daß er das Kind der verzweifelten Frau aus dem Mittleren Westen erworben hatte. Er überantwortete es Josiah Flynt mit der Bitte, den Punk zu Hause abzuliefern, was auch geschah. Das Glück währte nicht lange, da die Mutter erneut auf einem Schulbesuch bestand.

Auf welch vielfältige Weise die Jugendlichen ausgebeutet wurden, zeigt die Geschichte eines Tramps namens Jerry McCauley. Er hatte gleich ein halbes Dutzend Punks im Schlepptau, mit denen er von einer Niederlassung der Heilsarmee zur anderen zog und den frommen Wohltätern weismachte, er habe die armen Kinder aufgelesen und zum Christentum bekehrt, weswegen sie allesamt nach einer Predigt dürsteten. Die Schar wurde regelmäßig bewirtet und mit Kleidungsstücken beschenkt, mit denen McCauley einen schwunghaften Handel trieb. Doch die Wege Gottes sind wundersam. In einer Gefängniszelle in Michigan erkrankte der clevere Tramp an einer doppelseitigen Lungenentzündung und wäre um ein Haar gestorben. Plötzlich fuhr der Geist des Herrn in ihn, er warf sich auf den Boden seiner Zelle und sprach eine Reihe jener Gebete, die er durch viele qualvolle Stunden bei der Heilsarmee auswendig wußte. Die Gebete wurden erhört, und Jerry McCauley zog nach New York, um auf der Bowery eine Missionsstation nebst Suppenküche zu eröffnen. Er verschenkte nach und nach die reichen Restbestände seiner Kleidersammlung, allerdings nur, wenn die Tramps, Hobos und Penner bereit waren, nun ihrerseits seinen endlosen Predigten zu lauschen.

Rekrutiert wurden die Punks in den Slums. Dort war es nicht schwierig, Jugendliche zu finden, die lieber heute als morgen von zu Hause abhauen wollten. Außerdem hatten in diesen Stadtteilen die Eltern verschwundener Kinder nicht die Mittel, sie suchen zu lassen, selbst wenn sie es gewollt hätten. Der Jocker erzählte seinem künftigen Opfer, wie abenteuerlich und aufregend das Wanderleben sei; er kidnappte es nicht, wie oft behauptet wurde, er verführte es durch Freundlichkeit und Lügenmärchen. Nicht selten war es die nackte Not, die Jugendliche bewog, ihr Heim zu verlassen. So erklärte ein fünfzehnjähriger Junge:

> *Die Familie hatte nur sehr wenig zu essen, und meine Mutter wußte nie, wo die nächste Mahlzeit herkommen sollte. Ich empfand es als Schande, überhaupt am Tisch Platz zu nehmen und den anderen Essen weg-*

zunehmen. Man hat nie zuviel gegessen, weil jeder seinen gerechten Anteil bekommen sollte. Und so war man dauernd hungrig. Wenn man also abhaute und gen Westen zog, glaubte man, etwas für die Familie zu tun. Wenigstens gab es jetzt ein Maul weniger zu stopfen.

Die Punks hatten nichts zu sagen, ansonsten ging es in den Jungles strikt demokratisch zu. Niemand war befugt, Befehle zu erteilen, niemand ließ sich bevormunden. Auch Farbige und Ausländer genossen die gleichen Rechte und hatten die gleichen Pflichten zu erfüllen. Das darf nicht darüber hinwegtäuschen, daß sie nicht recht heimisch wurden in der Majorität der weißen, amerikanischen Hobos. Sie wurden toleriert, mehr nicht. Die meisten Schwarzen hatten, zumal sie verheiratet waren, nie ein Wanderdasein erwogen, sondern sich nach dem Ende des Bürgerkriegs als Fabrikarbeiter im Norden verdungen. Unter den Hobos und Tramps bildeten sie die kleinste Gruppe. Was die Ausländer anbetraf, so waren Briten und Kanadier am stärksten vertreten, gefolgt von Deutschen und Russen, die ab 1914 beziehungsweise 1917 oft Schwierigkeiten hatten, eine feste Anstellung zu finden. Die meisten Ausländer gaben nach spätestens einem Jahr ihr Vagabundenleben wieder auf und strebten eine feste Anstellung und die Gründung einer Familie an.

Die große Mehrheit der Tramps und Hobos war unverheiratet. Ein paar gab es, die auf die Walz gingen, *weil* sie verheiratet waren. Zu dieser winzigen Minderheit zählten Katholiken, deren Ehe gescheitert war, die aber aus religiösen Gründen eine Scheidung ablehnten.

Manche Hobos und Tramps fanden nach einigen Jahren den Weg zu einer seßhaften Existenz, andere führten, freiwillig oder unfreiwillig, ihr Wanderleben weiter. Etwa Chicken Red Donovan, der 1898 im Kindesalter von zu Hause abgehauen war. Achtzig Jahre später türmte er erneut, diesmal aus einem Altersheim. Er schlich in einen Güterzug und machte sich auf die Reise. Als er schließlich entdeckt wurde, fragte man ihn, ob er nicht ein wenig zu alt für diese Lebensform sei. Aber er brummte nur: »Einmal Hobo, immer Hobo.«

Gastfreundschaft war oberstes Gebot in den Jungles. Wer auch immer dazustieß, wurde aufgenommen und zum Essen eingeladen. Er mußte nur die ungeschriebenen Gesetze des Dschungellebens befolgen. Wer Essensreste fortwarf oder das Geschirr nicht abspülte, wurde davongejagt. Wer nachts schlafende Hobos bestahl, wurde vor ein selbsternanntes Gericht gestellt, verurteilt und bestraft.

Ein gewisser A. W. Dragstedt, später Geschäftsführer eines Hobo College in Chicago, erinnerte sich:

Plötzlich entsteht Unruhe; ein Mann wird aufgejagt. Ein Räuber, der dabei erwischt wurde, wie er einen schlafenden Genossen ausraubte, im Dschungel ein größeres Verbrechen als ein Raubüberfall auf offener Straße. Von allen Seiten rufen sie: »Zündet das Arschloch an!« und »Hängen wir ihn auf!« In aller Eile wird eine Ratsversammlung einberufen, ein Vorsitzender wird gewählt, Anträge werden gestellt. Nach kurzer Beratung wird beschlossen, ihn auszupeitschen. Der Mann wird mit dem Gesicht zum Stamm an einen Baum gefesselt. Sein Rücken ist nackt, und die Männer werden aufgefordert, die Strafe auszuführen. Keiner tritt vor; alle lehnen es ab, zum Riemen oder zum Gürtel zu greifen.

Eine neue Versammlung wird einberufen, da erklärt sich ein junger Mann bereit, den Dieb mit seinen Fäusten zu erledigen. Der Vorschlag wird angenommen.

> *Der Dieb ist zehn Pfund schwerer als sein Herausforderer; aber er kommt nur schwer in die Gänge, vielleicht aus Angst, da er weiß, daß der Herausforderer die Menge hinter sich hat. Er spürt wohl, daß die Männer ihn zusammenschlagen werden, ob er gewinnt oder nicht. (...) Der Hobo kämpft wie ein Verrückter, aber der Dieb zeigt Mut, gibt nicht so leicht auf. Der Kampf dauert über zehn Minuten, ehe der Dieb k. o. geschlagen ist.*
>
> *Nachdem er wieder auf den Beinen ist, darf er sich sein Gesicht waschen und Papier auf die Platzwunden heften; dann muß er sein ganzes Geld, bis auf einen Dollar, dem Jungle spenden. Dann wird er davongejagt, mit der Anweisung, sich in keinem Dschungel mehr blicken zu lassen, denn es käme einem Selbstmord gleich, würde ihn jemand entdecken.*

Die Dschungel mit ihrer demokratischen, weitgehend hierarchiefreien Struktur sind eines der ganz seltenen Beispiele einer funktionierenden anarchistischen Form des Zusammenlebens. Es funktionierte wohl nur, weil die Bewohner ständig wechselten und nie länger als höchstens ein paar Tage zusammenblieben.

Bewohnt waren die Dschungel freilich nur in den warmen Jahreszeiten. Im Winter machten sich ein paar Hobos und Tramps in die südlichen Staaten auf, wo sie aber noch weniger gelitten waren als im Westen oder Norden. In Florida war es zwar warm, man konnte im Freien übernachten, doch Arbeit war schwer zu finden. Die meisten

Hobos und Tramps verbrachten den Winter in den Großstädten, am liebsten in Chicago, dem größten Eisenbahnknotenpunkt der USA. In einigen Städten gab es eine Hobohemia, auch »main stem« genannt, eine Gegend, die fast ausschließlich den Landstreichern vorbehalten war – in Los Angeles die South Main Street, in San Francisco die Third Street, in Baltimore die Pratt Street, in New York die Bowery. In Chicago war es die West Madison Street, vornehmlich der Straßenblock zwischen Des Plaines und Jefferson Street, einst die vornehmste Wohngegend der Stadt; doch nach dem großen Feuer von 1871 zogen die Reichen ins Grüne und überließen das Viertel dem Lumpenproletariat.

Hier gab es Wohn- und Missionsheime für Obdachlose, Secondhandshops, Saloons, Spielhöllen, Tabakwarenläden, Billigrestaurants, Wahrsager und Barber Colleges. Nicht weit entfernt waren die »slave markets«, Agenturen für Arbeitsvermittlung, sogenannte Sklavenmärkte, die im Winter Hochkonjunktur hatten. Da wurden kurz- und längerfristige Jobs inner- und außerhalb der Stadt vermittelt, gegen ein Provision, versteht sich. Auch der Arbeitgeber mußte eine Provision zahlen. Zwischen ihm und dem Vermittler waren Vereinbarungen üblich, wonach der Hobo nach ein paar Tagen wieder gefeuert und der Job neu vermittelt wurde, wofür der Arbeitgeber eine teilweise Rückvergütung erhielt.

Einmal wurden viertausend Arbeiter für die Ernte in der Prärie rekrutiert, erzählt Bruns. Jeder mußte einen Dollar Vermittlungsgebühr bezahlen, ehe er den Zug zur Farm besteigen durfte. Am Ziel angekommen, stellte sich heraus, daß lediglich 350 Arbeiter benötigt wurden, freilich zu sehr viel niedrigerem Lohn als von der Agentur versprochen. Den 3650 überzähligen Männern wurde die

Rückfahrt nach Chicago nicht bezahlt, sie mußten selbst sehen, wie sie wieder nach Hause kamen, obwohl sie in anderen Gegenden, wo die Ernte wegen Mangel an Hilfskräften verfaulte, dringend gebraucht worden wären. Den Agenturen kam es nicht auf Effektivität, sondern lediglich auf Profit an.

Außer Wohnheimen, Saloons und so weiter hatte Hobohemia noch mehr zu bieten: Bordelle, Burlesktheater, jene für ein männliches Publikum der Unterschicht bestimmte Variante des Vaudeville, Kinos und Buchläden, in denen auch antiquarische Bücher verkauft wurden; die bekanntesten Buchhandlungen waren der »Hobo Bookstore« und der »Radical Bookshop«. Das Angebot bestand überwiegend aus sozialistischer Literatur, die Werke von Karl Marx und Paul Lafargue gehörten zum festen Lagerbestand. Inhaber des »Hobo Bookstore«, von den Kunden »Proletariat« genannt, war Daniel Horsley. Jahrelang hatte er in Kohlebergwerken gearbeitet. Dann zog er mit seiner Filmkamera durch Kanada und den Norden der USA. Während des Ersten Weltkrieges war er Werftarbeiter, danach Holzfäller – beinahe eine Hobo-Biografie. Schließlich landete er in Chicago und eröffnete seine Buchhandlung. Als überzeugter Marxist veröffentlichte er Essays in den *Hobo News* und hielt Vorträge im Hobo College. Der »Radical Bookshop« wurde von der blinden Lillian Udell und ihren beiden Töchtern geleitet. Hier fand man sämtliche Publikationen des 1886 gegründeten und noch heute existierenden Verlags Charles H. Kerr Company, aber auch Werke der Futuristen, Dadaisten und Surrealisten. Der Buchhandlung angeschlossen war eine Studiobühne, auf der Stücke von Strindberg, Ibsen, Shaw und anderen Modernen aufgeführt wurden.

Übrigens waren auch überraschend viele Hobos

schriftstellerisch tätig. In den *Hobo News* und anderen linksorientierten Zeitungen, wie der *Industrial Solidarity*, brachten sie immer wieder Artikel und Gedichte unter. Andere hatten nicht den Ehrgeiz, ihre literarischen Erzeugnisse veröffentlicht zu sehen, sie schrieben zu ihrem Vergnügen oder behaupteten dies, wenn sie keinen Verleger fanden. Wieder andere haben tatsächlich den Güterwaggon mit der Schreibstube vertauscht und sind erfolgreiche Berufsschriftsteller geworden.

Zu nennen wäre da der Engländer William Henry Davies (1871–1940), der einige Jahre als Tramp die USA bereiste, als Invalider in die Heimat zurückkehrte und zunächst im Eigenverlag seine Gedichte publizierte, die er George Bernard Shaw zuschickte. Dieser war begeistert, ermutigte und unterstützte Davies, zu dessen *Autobiography of a Super-Tramp* (dt. *Supertramp. Autobiographie eines Vagabunden)* er das Vorwort schrieb. In dem Fortsetzungsband *Later Days* erzählt Davies sein Leben als gefeierter Lyriker.

Ebenfalls zweibändig ist das umfangreiche Memoirenwerk des aus Ohio stammenden Harry Kemp (1883–1960): *Tramping on Life* und *More Miles*. Der erste Teil ist die wohl faszinierendste und intelligenteste Lebensbeschreibung der Hoboliteratur überhaupt. Kemp hat alle Höhen und Tiefen des Wanderlebens ausgekostet und wurde, belesen und gebildet, wie er war, Privatsekretär des noch heute berühmten Schriftstellers Upton Sinclair, mit dessen Frau er später durchbrannte. Mit scharfer Beobachtungsgabe ausgestattet, beschreibt er die Hobos und Tramps und mit Witz und Ironie die Eitelkeiten der Boheme- und Intellektuellenzirkel New Yorks. Einen Namen erwarb er sich dann noch als Verfasser einer an klassischen Vorbildern geschulten Lyrik.

Gleich fünf autobiografische Bücher veröffentlichte Jim Tully. Am bekanntesten wurde der erste Band *Beggars of Life*, der 1928 sogar verfilmt wurde.

Viele, durchaus lesenswerte Erinnerungen aus der Hobo- und Trampszene müssen hier unerwähnt bleiben, doch darf ein Hinweis auf *You Can't Win* (dt. *Du kommst nicht durch)* des 1878 geborenen Jack Black nicht fehlen, ein Werk, das William S. Burroughs mit dreizehn Jahren las und das ihn nachhaltig beeinflußte – so sehr, daß einige Figuren und Passagen aus Blacks Erinnerungen geradewegs Eingang in *Naked Lunch* und *The Place of Dead Roads* fanden. Durch Blacks Buch hatte Burroughs die Welt der Tramps, Kaschemmen, Bordelle, der Rauschgiftabhängigen, Outlaws und Verbrecher kennengelernt, eine Welt, die ihn bis zum Ende seines Lebens faszinierte. Die Lektüre dieses Buches ist die denkbar beste Einführung in Leben und Werk eines der größten Schriftsteller des 20. Jahrhunderts, sicher besser als die schlauen Kommentare und Interpretationen der Kritiker und »Kulturphilosophen« dies- und jenseits des Atlantiks.

Übrigens war der Anteil belesener und allgemeingebildeter Männer unter den Hobos und Tramps etwa gleich groß. In den Dschungeln der einen wie der anderen gab es Diskussionsabende, an denen gesellschaftspolitische, ökonomische und literarische Themen erörtert wurden. Jack London hat gerne zugegeben, daß es die Tramps waren, die ihn angeregt hatten, mehr zu lesen.

Reichhaltig ist die amerikanische Literatur an belletristischen Werken, die im Milieu der Wanderarbeiter und Tippelbrüder spielen. Bei O. Henry findet man da mehrere Geschichten, und William Kennedys mit dem Pulitzer-Preis ausgezeichneter Roman *Ironweed* (dt. *Wolfsmilch)* zählt zu den eindrucksvollsten dieses Genres.

Treffpunkt der intellektuell ausgerichteten Hobos war in Chicago der Bughouse Square, eine kleine Grünanlage, die offiziell Washington Park hieß und noch heißt. Das war die Domäne der Seifenkistenredner – Daniel Horsley war einer von ihnen –, die sich unzensiert zu jedem Thema äußern durften. Vorbild war der Hydepark in London. Das Wort ergriffen vorwiegend Agitatoren der Arbeiterbewegung, vor allem also Funktionäre der IWW (»Industrial Workers of the World«). Unter den Rednern gab es wahre Stars, die durch ihren Witz und ihre schlagfertigen Antworten auf Zwischenrufe regelmäßig eine große Zuhörerschaft hatten – oder weil sie durch unfreiwillige Komik unterhielten. Etwa der weit über Hobokreise hinaus bekannte »General« Daniel Pratt, der ein halbes Jahrhundert lang in Gehrock und Zylinder durchs Land zog und Vorträge hielt zu Themen wie »Das wohlklingende Wortlabor der Regierung in physikalischer, moralischer, organischer, oratorischer und sonorer Beleuchtung«. Nach jedem Vortrag ließ er seinen Zylinder unter der verblüfften Zuhörerschaft kreisen. Er sprach sogar vor Studenten der renommierten Universitäten Harvard und Yale. Einer der ernstzunehmenden Stars war Dr. Ben Reitman, Armenarzt und selbsternannter Hobokönig seines Zeichens, den wir im nächsten Kapitel ausführlich kennenlernen werden.

Es gab auch Frauen, die auf die Kisten stiegen und für ihre Rechte kämpften. Bekannteste Rednerin war die 1864 geborene Martha Biegler. Wohlbehütet und streng christlich erzogen, wuchs sie in einer kleinen Gemeinde Indianas auf. Sie studierte an der State University of Indiana und trat nach ihrem Examen 1897 in den Schuldienst ein. Bereits nach wenigen Monaten kündigte sie, packte den Koffer, steckte ihre Ersparnisse ein, ging zum

Bahnhof und bestieg den erstbesten Zug. Der brachte sie nach Chicago. Sie mietete ein Zimmer in einer billigen Pension und arbeitete für eine linksradikale Zeitung. In ihrer Freizeit studierte sie die Werke von Marx und machte sich bei sämtlichen Frauengruppen der Stadt nützlich. Doch bald war der Bughouse Square ihr bevorzugtes Schlachtfeld. Ausgestattet mit einer soliden sozialistischen Bildung und oratorischem Talent, verbrachte sie ganze Tage auf der Seifenkiste und vermochte stets eine große Menschenmenge um sich zu versammeln. Zusammen mit ein paar Gesinnungsgenossen eröffnete sie ein Obdachlosenheim, was aber ihren eigenen sozialen Abstieg nicht verhinderte. Völlig verarmt starb sie 1937.

Nicht so recht ernst genommen wurde Lucy Page Gaston, die von sich zu Recht behauptete, sie sehe aus wie Abraham Lincoln, und als Präsidentin der Anti-Zigaretten-Liga natürlich nur ein einziges Thema kannte. Einmal rief ein Zuhörer: »Ich habe in meinem ganzen Leben keine einzige Zigarette geraucht, aber nachdem ich dieser Frau eine Stunde lang zugehört habe – hat jemand eine Zigarette für mich?«

Wer es verstand, sein Publikum zu fesseln, konnte mit zahlreichen Spenden rechnen, wenn er oder sie zum Schluß den Hut herumgehen ließ. Der Lyriker Kenneth Rexroth (1905–1982) berichtet, daß er als junger Mann, obgleich bestimmt kein brillanter Rhetoriker, als Seifenkistenredner pro Wochenende mindestens fünfzig Dollar einnahm, eine Summe, von der man bequem einen Monat lang leben konnte.

Berühmte Redner waren etwa ein Eddie Gilbert, der in Frankreich, Kanada und den USA Streiks organisiert hatte und sich durch seinen Mut, seine Gewalttätigkeit und Trinkfestigkeit einen legendären Ruf erworben hatte.

Nicht minder populär war der riesige Norweger »Triphammer« Johnson, der ganze Dramen von Ibsen und Strindberg auswendig kannte und von der Seifenkiste hinab Seminare über Nietzsche und Kierkegaard abhielt. Der König der »Ozonredner« aber war John Loughman, der allein schon wegen seiner gewaltigen Stimme ein größeres Publikum als seine Kollegen zu erreichen vermochte. In späteren Jahren wurde er demokratischer Senator des Staates Illinois.

Roger A. Bruns schreibt in seiner Reitman-Biografie:

> *Viele Stammgäste des Platzes lebten von der Hand in den Mund in baufälligen, verwahrlosten Schuppen, ihre selbstverschuldete Armut durch Quasselorgien lindernd. Das lange Haar, die exotische Kleidung, das obszöne Vokabular; der Zynismus – es war alles irgendwie so konventionell in seiner Unkonventionalität.*

Rexroth spricht von einer Lumpenboheme, wo Elemente der Unterwelt, Veteranen der Arbeiterbewegung, kleine Gauner, schlechte Schriftsteller, die nichts publiziert hatten, und bettelarme Künstler – kurz, die Verlierer – sich unter die Gewinner, alteingesessene Redakteure, Professoren, Autoren und sogar Geistliche mischten.

Die Redner waren nicht nur im Park anzutreffen, die Straße war ihnen ebenso willkommen. Der unermüdlich forschende Nels Anderson hat einmal ein genaues Protokoll erstellt, das in der gesamten Literatur über die Hobos ein einmaliges Dokument darstellt; darum sei es hier vollständig wiedergegeben:

> *An einem Sonntag im Juli 1922 haben nicht weniger als zwanzig Männer an der Ecke Jefferson / Madison*

Street Reden auf Kisten gehalten, und ebenso viele Themen kamen zur Sprache.

1. Den Anfang machte ein Mann, der sich bei einem Obsthändler eine Kiste ausgeliehen hatte. Er sprach zwanzig Minuten über betrügerische Praktiken der Patentmedizin. Seine entlarvende Rede war überaus fesselnd, von Humor durchsetzt, und es gelang ihm, eine große Zuhörerschaft zu gewinnen. Offensichtlich wußte er über die Praktiken der Patentmedizin genau Bescheid. Zum Schluß verkaufte er ein paar Broschüren zum Thema.

Es folgt:

2. Der zweite Redner war ein IWW, der eine Viertelstunde über Erziehung sprach. Er war ein guter Rhetoriker, der die Zuhörermenge bei der Stange hielt. Er verkaufte von der IWW herausgegebene Literatur, in der Wirtschaftsfragen allgemein verständlich erörtert werden.

Dann:

3. Ein anderes Mitglied der IWW sprach zwanzig Minuten über Organisation. Sein Standpunkt war, daß die Reichen organisieren und darum Erfolg hätten. Sie wollen verhindern, daß die Armen sich organisieren, da sie dann befürchten müßten, die Armen nicht mehr unten halten zu können. Er warf den Reichen nicht vor, sich zu organisieren; er warf den Armen vor, sich nicht zu organisieren. Er verkaufte und verschenkte entsprechende Literatur.

Und weiter:

4. Es folgte ein Vortrag über Aberglauben. Er dauerte zwanzig Minuten und war gegen die Leute einer Mission gerichtet, die auf der anderen Straßenseite eine Versammlung abhielten. Die These lautete, daß die Bibel und die Kirche die mächtigsten Instrumente der Reichen seien, um die Armen zu unterdrücken.

Darauf folgte

5. ... eine zwanzigminütige Ansprache über wirtschaftliche Organisation der Industrie, gehalten von einem Mann, der beharrlich darauf hinwies, daß er sich sieben Jahre mit dem Problem befaßt habe. Er schlug vor, die Arbeiterklasse solle sich zusammentun, um den organisierten Kapitalismus zu besiegen.

Danach:

6. Der nächste Redner behauptete, Arbeitslosigkeit habe zwei Ursachen: die Überbevölkerung und die Konzentration des Kapitals in den Händen einiger weniger. 85 Prozent der Leute teilten sich 15 Prozent des Volksvermögens und 15 Prozent der Leute 85 Prozent des Volksvermögens, mehr als sie beim besten Willen auszugeben imstande seien. Er sprach zwanzig Minuten ...
7. Da keine Redner mehr vortraten, erklomm ein Betrunkener die Kiste. Eine Viertelstunde lang sorgte er für Heiterkeit. Er war geistreich, doch sprunghaft, was die Themenwahl betraf.

Anderson faßt zusammen:

> *Die Zuhörerschaft war eine Ansammlung, wie sie für Hobohemia typisch war. Die Redner ernteten größtenteils Zustimmung. Während der sechste Redner sprach, wurden die Zuhörer von einer Diskussion zwischen einem der vorigen Redner und einem anderen Mann abgelenkt. Das Streitgespräch zog so viele Zuhörer an, daß der Redner verärgert rief: »Sag mal, B..., hältst du das für anständig?« – »Tut mir leid, C..., mir war nicht klar, daß wir dich störten.« Die Menge wandte ihre Aufmerksamkeit wieder dem Redner auf der Kiste zu.*

Viele Hobos hatten zwischen März und Ende Oktober fleißig gearbeitet und den größten Teil ihres Lohns gespart, um halbwegs sorglos die Wintermonate in der Großstadt überstehen zu können. In den meisten Fällen standen sie aber bereits nach wenigen Tagen wieder vor dem Nichts, sei es, weil sie keine Unterkunft gefunden hatten und im Freien schlafen mußten, wo sie dann nicht selten Opfer eines Jack rollers wurden, eines Kriminellen, der schlafende Hobos ausraubt, oder sei es, weil – weit öfter – das Geld in kürzester Zeit in den Saloons und Bordellen flötenging. Nach den vor allem in sexueller Hinsicht entbehrungsreichen Arbeitsmonaten, während deren die einzige Frau, die sie gewöhnlich zu Gesicht bekamen, die Gemahlin des Bosses war, galt es, ein dringendes Bedürfnis zu befriedigen. Am schnellsten und leichtesten ging das im Puff, wo die Glücklicheren unter den Hobos sogar manchmal ein Auskommen als Zuhälter für eine Saison fanden, wie Anderson schreibt.

Da die Hobos und Tramps meist mit ihresgleichen lebten – ein Schicksal, das sie mit Gefängnisinsassen und Mitgliedern der Armee und Marine teilten –, war Homosexualität unter ihnen weit verbreitet. Auch der Anteil der Bisexuellen lag weit über dem Durchschnitt. So seltsam es klingen mag, es gab zahlreiche Hobos und Tramps, die in den warmen Jahreszeiten Männern und im Winter Frauen zugetan waren.

Obwohl die Stems alles andere als frei von Kriminalität waren – Prostitution, Glückspiel, Betteln ohne Lizenz, Drogenhandel und -konsum und, ab 1920, auch der Genuß von Alkohol waren illegal –, gerieten die ständigen und temporären Bewohner von Hobohemia nur selten mit der Polizei in Konflikt, sofern sie in ihrem Viertel blieben. Diebstahlsdelikte wurden in aller Regel nicht angezeigt, da die Opfer nichts mit den Ordnungsbehörden zu tun haben wollten. »Jeder beliebige Polizist kann an jedem beliebigen Tag die West Madison Street entlang spazieren«, sagt Nels Anderson, »und vielleicht ein Dutzend Männer sehen, die festzunehmen er jeden Grund hätte. Wenn das alle Polizeibeamten täten, wären die Gefängnisse voll und die Schnellgerichte, in denen solche Fälle abgeurteilt werden, ständig überlaufen. Nur die krassesten Fälle führen zu einer Verhaftung.«

Und Anderson fährt fort: »Welchen Status wünschte der Hobo in der Gesellschaft einzunehmen?« Als ob er eine Wahl gehabt hätte! »Seine Einstellung der Polizei und staatlicher Amtsgewalt gegenüber scheint von wütender Ablehnung bestimmt zu sein. Die meisten Lieder, die er singt, sind Protestlieder. Die Organisationen, denen er sich anschließt, sind den existierenden Umständen feindlich gesinnt.« Kein Wunder. Der Sinn dieser Organisationen war es, die existierenden Umstände zu ändern.

In vieler Hinsicht ist der Wanderarbeiter »ein Mann ohne Heimat«. Das Wesen seines Berufs schließt ihn von politischen Wahlen aus [da jeder Wähler einen festen Wohnsitz nachweisen muß], und jederzeit ist er der Gefahr ausgesetzt, sich wegen Landstreicherei oder Betreten privaten Eigentums strafbar zu machen. Gewöhnlich wird er von der Öffentlichkeit ignoriert, hin und wieder aber bedauert oder bekämpft. Da er in der normalen Gesellschaft keinen Platz hat, sehnt er sich nach einer klassenlosen Gesellschaft, in der alle Unterschiede abgeschafft sein werden. In der IWW und anderen radikalen Organisationen findet er unter seinesgleichen jene Anerkennung, die ihm anderswo versagt bleibt.

Sobald es Frühling wurde, verließen die ersten Hobos Hobohemia und nahmen ihr Wanderleben wieder auf. Vorbei die Zeit, da man in den Saloons mit Kumpels aus dem ganzen Land Geschichten austauschen und Sorgen teilen und einem befreundeten Bartender seine Ersparnisse anvertrauen konnte, die dann ratenweise abgesoffen und verhurt wurden, gewöhnlich innerhalb weniger Tage. Ein guter Bartender schenkte nicht nur Whiskey aus, er hörte auch zu, ersetzte mit Verständnis und Geduld den Psychoanalytiker oder, was das anbelangt, die Ehefrau.

Selbst eine der beliebtesten Kneipen der Stems war nun nicht mehr jeden Abend überfüllt. In ganz Amerika war bekannt, daß man im »Workman's Exchange« mit der Bestellung eines Biers oder Whiskeys eine freie Mahlzeit erhielt. Und wenn man einen Kleinkredit, eine Übernachtungsmöglichkeit oder einen Job brauchte, fand man in dieser Kneipe immer tatkräftige Hilfe. Es gab nur drei Regeln, die strikt eingehalten wurden: keine Musik, keine

Frauen, kein Alkoholverkauf an Minderjährige. Besitzer, nicht Wirt, dieser Spelunke war ein korrupter und mächtiger Kommunalpolitiker namens Michael Kenna. Besonders beliebt war das Etablissement während Wahlzeiten. Jeder erhielt freie Drinks, wenn er versprach, für Mr. Kenna zu stimmen, möglichst gleich mehrfach. Für die Hobos, Tramps und Bums war er ein Wohltäter. Auch der Schriftsteller H. G. Wells war des Lobes voll:

> *Stadtrat Kenna behandelt jeden seiner Kunden mit großer Güte. Er hilft ihnen, wenn sie in Schwierigkeiten sind, sogar wenn sie Schwierigkeiten mit der Polizei haben; er hilft ihnen, wenn sie verzweifelt nach Arbeit suchen. Er erklärt ihnen, wie man wählt, eine Bürgerpflicht, die man in diesen Kreisen gerne vernachlässigt, und achtet darauf, daß sie's auch tun.*

In der State Street, außerhalb des Stem, gab es eine andere Kneipe etwas zweifelhaften Rufs: »Duncan's Saloon«. Weit über die Grenzen Chicagos hinaus bekannt, war das Lokal ein beliebter Treffpunkt der Tramps und Taschendiebe. Der Besitzer, Bob Duncan, von der Presse respektvoll mit »König der Taschendiebe« tituliert, verfügte über ausgezeichnete Beziehungen zur Polizei, von denen seine ehemaligen Kollegen mehr als einmal profitierten. Ein Gast erlangte legendären Status: Der Hobo Wyoming Slivers hatte 1896 dem Wanderleben den Rücken gekehrt und eine reiche Witwe aus Minnesota geheiratet. Nach zweijährigem Eheglück verschied Mrs. Slivers und hinterließ ihrem Mann zehntausend Dollar. Slivers nahm das Geld und begab sich unverzüglich zu »Duncan's Saloon«, wo er mit zwei Dutzend seiner Kumpels aus Vagabundentagen eine Party schmiß, die sechs Monate dauern sollte.

Zehn Hobos starben im Laufe des Gelages an Delirium tremens. Der Gastgeber überlebte, leicht lädiert allerdings, hatte er doch während mehrerer gewalttätiger Auseinandersetzungen ein Ohr und drei Finger eingebüßt.

Wer durch die Arbeitsvermittler keinen Job gefunden hatte, zog auf gut Glück los – im Osten der USA vorwiegend zu Fuß, in den dünn besiedelten westlichen Staaten per Güterzug. Jeder, der mit der Eisenbahn unterwegs war, reiste gefährlich. Man mußte die Kunst beherrschen, auf einen fahrenden Zug aufzuspringen, und man mußte damit rechnen, während der Fahrt oder bei einem Aufenthalt vom Heizer oder den Bremsern entdeckt zu werden. Die zögerten nicht lange und warfen die blinden Passagiere aus dem fahrenden Zug, was bestenfalls ein paar Knochenbrüche nach sich zog. Wer auf dem »Blinden«, einem Wagen ohne Durchgangstüren hinter der Lokomotive, oder in einer »Gondel«, einem offenen Güterwaggon, reiste, wurde mit Kohlestücken und glühender Asche beworfen oder einem kräftigen Wasserstrahl ausgesetzt. Im Winter konnte das zum Erfrierungstod führen.

Bei jeder Station hatte man eine unangenehme Begegnung mit der Bahnpolizei zu befürchten. Das war eine von den Eisenbahngesellschaften eingesetzte Privatpolizei, die keine andere Aufgabe hatte, als Hobos und Tramps aus den Waggons zu werfen, sie verhaften zu lassen oder gleich zu erschießen. Die Zusammenarbeit zwischen den Bulls, der Bahnpolizei, und den Town clowns, der lokalen, offiziellen Polizei, war äußerst schlecht – aus naheliegenden Gründen. Während die Bulls möglichst viele illegal Reisende hinter Gittern sehen wollten, hatten die Town clowns die Aufgabe, die Gefängnisse leer zu halten.

Die ungleichen Ordnungshüter kooperierten nur, wenn sie dazu vom Sheriff oder vom Gefängnisdirektor angehalten wurden. Das war der Fall, wenn zur Erntezeit irgendwo ein Mangel an Arbeitskräften herrschte. Wie man dem abhalf, hat »Steam Train« Maury Graham in seiner Autobiografie beschrieben. Als Fünfzehnjähriger fuhr er mit einem gleichaltrigen Freund im Güterzug durchs Land. In Pine Bluffs, Wyoming, wurden die beiden verhaftet.

Der Sheriff brachte uns zum örtlichen Gefängnis, wo ein Lastwagen wartete, in dem bereits zehn oder zwölf Männer saßen, alles Vagabunden. »Hier sind noch mal zwei«, sagte er zum Hilfssheriff und zu uns nach vorn. »Wohin gehen wir?« fragte ich. – »Raus aufs Land zur Kartoffelernte«, sagte der Sheriff fast freundlich. Unterwegs erfuhr ich von den Vagabunden, daß der Farmer und der Sheriff ein Abkommen hatten, wonach der Sheriff zur Erntezeit die nötigen Hilfskräfte stellte. Also wurden die Güterzüge besonders scharf gefilzt und jeder, der ins Netz ging, wurde zwangsverpflichtet. Die Farmer zahlten dem Sheriff für jede Hilfskraft täglich mehrere Dollar, und der wieder entlohnte die Gefangenen mit fünfzig Cent pro Tag. Abends wurden die Männer zurück zum Gefängnis gefahren und für die Nacht eingesperrt. Die Länge der »Strafe«, die man zu verbüßen hatte, richtete sich nach der Dauer der Ernte; gewöhnlich zehn bis dreißig Tage.

Es wurden also Menschen ohne Gerichtsurteil ins Gefängnis geworfen und als Arbeitskräfte vermietet. Natürlich war diese Praxis illegal, doch ist nicht bekannt, daß die Justiz jemals eingeschritten wäre. Besonders beliebt war die Wiedereinführung der Sklaverei durch die Hintertür beim Straßenbau. Warum sollte man den Hobos einen Mindestlohn zahlen, wenn man sie auch umsonst haben konnte! Waren sie endlich wieder auf freiem Fuß, besaßen sie kein Geld, da sie ja ohne Entlohnung hatten arbeiten müssen. Die Folge war nicht selten, daß sie, nur um die nächsten Tage zu überleben, Eigentumsdelikte begingen, was einen Teufelskreis in Bewegung setzte, wenn sie erwischt wurden. Einige Sozialreformer plädierten dafür, arbeitende Gefangene ordentlich zu bezahlen, damit sie ein Überbrückungsgeld während der Jobsuche hatten. Wie nicht anders zu erwarten, stießen solche Vorschläge auf taube Ohren.

Waren die Gefangenen wieder frei, machten sie sich schleunigst auf den Weg – zum nächsten Bahnhof oder zum nächsten Gleisabschnitt, an dem ein Zug wegen einer Steigung oder Kurve langsam fahren mußte. Wie schon erwähnt, waren die Zugfahrten nicht ungefährlich, vor allem wenn man sich auf oder unter den Waggons versteckte. Kein Tag verging, an dem nicht Hobos und Tramps beim Aufspringen auf den Zug oder während der Reise ums Leben kamen oder sich schwere Verletzungen zuzogen. Allein in den Jahren von 1898 bis 1908 gab es laut offizieller Statistik nicht weniger als 47 000 tödliche Unfälle. In Wirklichkeit dürften es doppelt so viele gewesen sein.

Wie schnell ein Unglück passieren konnte, erzählt William Henry Davies in seiner Autobiografie. Er ist mit einem Kumpel unterwegs, sie stehen neben den Gleisen und beobachten den sich nähernden Zug.

Ich ließ meinem Gefährten wegen seiner verstümmelten Hand den Vorrang, als erster aufzuspringen. Der Zug fuhr immer schneller, und wir mußten mit ihm

Schritt halten. Jack sprang in die Höhe, hielt sich fest und zog sich mühelos aufs Trittbrett. Sowie er die Stange losgelassen hatte, packte ich sie schnell und rannte neben dem Zug her, um seinem Beispiel zu folgen. Aber anstatt seinen Platz auf der Plattform einzunehmen, blieb er unschlüssig wie gedankenverloren auf dem Tritt stehen, so daß ich keine Möglichkeit hatte, aufzuspringen.

Und nun nimmt die Tragödie ihren Verlauf.

Ich ließ die Stange jedoch nicht los, obwohl der Zug jetzt so schnell fuhr, daß ich die größte Mühe hatte, mit ihm Schritt zu halten. Ich rief Jack zu, das Trittbrett freizugeben. Das tat er – sehr langsam, wie mich dünkte. Ich faßte fester zu und sprang hoch, aber es war zu spät, der Zug hatte eine hohe Geschwindigkeit erreicht. Mein Fuß verfehlte das Trittbrett, und da ich nicht sofort losließ, wurde ich einige Meter weit mitgeschleift. Dann stürzte ich ab. Mehrere Minuten lag ich leicht benommen da, während der Zug in der Dunkelheit entschwand.

Er will aufstehen, kann es aber nicht. Irgend etwas hindert ihn daran.

Ich setzte mich auf und nahm eine Untersuchung vor. Da stellte ich fest, daß mein rechter Fuß abgetrennt war. Diese Entdeckung erschreckte mich weniger als die darauffolgenden Gedanken. Da ich keinen Schmerz fühlte, wußte ich nicht, ob ich nicht in noch mehr Stücke zerteilt war, und ich beruhigte mich erst, nachdem ich jeden Körperteil untersucht hatte.

Zu diesem Abschnitt bemerkt G. B. Shaw in seinem Vorwort, daß es der schlimmste im ganzen Buch sei – »ein halbes Dutzend solcher Schrecken würde jedes Buch für eine empfindsame Seele unerträglich machen.«

Nicht nur das Aufspringen war gefährlich, die Fahrt selbst war es auch. Auf keinen Fall durfte man die Tür des Waggons, die man nur von außen öffnen konnte, von innen verschließen – es konnte passieren, daß der Wagen am Zielbahnhof auf ein Abstellgleis geschoben und erst zehn Tage später geöffnet wurde; eine sichere Todesfalle. Eine nicht verschlossene Tür konnte aber bei schneller Fahrt in einer Kurve auffliegen, worauf ein schlafender Passagier gelegentlich ins Freie geschleudert wurde. Ebenfalls in Kurven oder bei einem plötzlichen Bremsvorgang stürzten zuweilen aufeinandergestapelte Kisten ein und begruben illegal Mitreisende unter sich – mit üblen, oft tödlichen Folgen. Wer auf dem Dach eines Zuges reiste und sich nicht gut festhielt oder einschlief, begegnete bald seinem Schöpfer.

Hatte man die Reise unversehrt überstanden, lauerte noch die größte Gefahr – von der Bahnpolizei entdeckt zu werden. Ungestraft durften die schlechtbezahlten Bulls jeden Schwarzfahrer zusammenprügeln, erschlagen oder erschießen. Für einen geschnappten oder getöteten blinden Passagier erhielten sie 50 Cent. Die Lokomotivführer, Heizer und Bremser hatten ihre eigenen Methoden, das magere Gehalt aufzubessern. Entdeckten sie Schwarzfahrer in den Waggons, verlangten sie Bargeld – bei Zahlungsunwilligkeit oder Zahlungsunfähigkeit wurde dem Hobo angedroht, ihn während der Fahrt aus dem Zug zu stoßen. Besonders auf Angehörige ethnischer Minderheiten hatten es die Bahnbullen abgesehen. Bruns erfuhr von einem Hobo folgenden Vorfall:

Weit draußen in der Wüste hielt unser Güterzug an. Drei Bullen, ausgerüstet mit Taschenlampen und Schlagstöcken, durchsuchten die Waggons. »Sind hier Mexikaner?« schnauzte einer von ihnen. Als alle Hobos sich anschickten, die Wagen zu verlassen, sagten die Bullen, die Weißen dürften weiterfahren. Auf die Frage, was die Mexikaner mitten in der Wüste machen sollten, antwortete ein Bulle: »Keine Sorge, das sind keine Menschen.«

Wenn es beim Bahnpersonal überhaupt Freunde der Hobos und Tramps gab, waren es gelegentlich die Bremser, die vor und während der Fahrt die Waggons abschritten. Meist verlangten sie Geld von den Schwarzfahrern, durchschnittlich zehn Cent pro hundert Meilen oder zwanzig Cent für eine unbegrenzte Strecke, aber viele schlossen auch Freundschaft mit den illegal Reisenden, stellten sie für Hilfsdienste ein oder ließen sich ihre Großzügigkeit durch das Erzählen guter Abenteuergeschichten vergelten.

Die bahneigene Polizei schreckte nicht einmal davor zurück, in die Dschungel einzudringen, wo sie ins Kochgeschirr ballerte, die Wäsche anzündete und die provisorischen Hütten einriß. Von allen Organisationen der amerikanischen Gesetzeshüter war die Bahnpolizei die erfolgloseste, was ihre Wut womöglich erklärt. Allen Pinkerton, Chef der berühmten Detektivfirma, hat es mit der Flüchtigkeit der Tramps erklärt: »An einem Tag ist er in einer Scheune, am nächsten in einem Heuhaufen und am nächsten weiß Gott wo, wahrscheinlich schon wieder per Bahn unterwegs, man könnte ebenso gut nach einer verlorenen Nähnadel suchen.«

Erschwerend hinzu kam, daß die Suche nach einem

Einzeltäter leichter ist, wenn er nicht Mitglied einer unüberschaubaren Gruppe ist. Nach der Schätzung von Flynt waren in den USA in den Sommermonaten am Ende des 19. Jahrhunderts jährlich etwa 60 000 Hobos und Tramps in Güterzügen unterwegs, wobei jeder pro Tag fünfzig Meilen zurücklegte, eine Strecke, die mit einem Dollar bezahlt hätte werden müssen, also ein täglicher Verlust von 60 000 Dollar für die Bahn. Eine Milchmädchenrechnung, wie wir gesehen haben, denn ohne den Gratistransport der Hobos in die Erntegebiete wären der Bahn die Gebühren für den Transport Tausender Tonnen von Obst und Gemüse entgangen.

Bedroht wurden die Hobos nicht nur vom Bahnpersonal, sondern auch von Yeggs, kriminellen Vagabunden, die vorwiegend als Safeknacker und Einbrecher tätig waren. Bestiegen Hobos nach einer Arbeitssaison, den Lohn in der Tasche, die nächste Bahn, wurden sie schon mal überfallen, ermordet, ihrer Barschaft beraubt und aus dem Zug geworfen. In den Statistiken der Bahn wurden derlei Vorkommnisse unter der Kategorie »Unfälle« verbucht. Einige Eisenbahngesellschaften unterhielten sogar private Trampfriedhöfe, wo die Verunglückten oder Ermordeten ohne Feststellung der Todesursache in anonymen Gräbern ihre letzte Ruhe fanden.

Die brutalen Übergriffe der Bahn- und Kommunalpolizei, eine unmenschliche Gesetzgebung, Willkürakte der Gerichte, Hetzartikel der Presse, das alles blieb nicht unwidersprochen. Einige Hobos, James Eads How und Jeff Davis unter ihnen, steuerten durch praktische Hilfe und Öffentlichkeitsarbeit gegen. Aber auch Soziologen merkten bald, daß sich mit der aufblühenden Hobo- und Trampbewegung ein neues und interessantes Forschungsgebiet auftat.

John McCook, Pfarrer und Professor in Hartford, Connecticut, war der erste, der systematisch das Phänomen des Vagabundentums untersuchte. Er ließ im ganzen Land Fragebogen unter den Tramps und Hobos verteilen. Weit über tausend konnte er auswerten, und er besuchte auch die Dschungel, wo er Fotos machte und Interviews durchführte. Die tiefsten Einblicke in das Leben der Vagabunden erhielt er aber durch eine jahrelange Korrespondenz mit dem Schirmflicker William Aspinwall (1845–1921), der in bis zu sechzig Seiten langen Briefen seine Erlebnisse und Gedanken mitteilte. Leider hat McCook seine Forschungsergebnisse nur in ein paar Zeitschriftenartikeln und nie in einem Buch festgehalten. Ebenso bedauerlich ist, daß Aspinwalls Briefe nur in wenigen Auszügen veröffentlicht wurden. Erhalten sind sie allesamt.

Immerhin, ein Anfang war gemacht. Mehr als soziologische Publikationen trug aber etwas ganz anderes dazu bei, das Image des Tramps in der Öffentlichkeit zu entkriminalisieren: die Filme Charles Chaplins. Über die Entstehung des Trampkostüms hat er selbst mehrere Versionen in die Welt gesetzt, die eins gemeinsam haben: Es ging ihm ausschließlich um die komische Wirkung, um das komödiantische Potential, das eine solche Figur birgt, nicht um das Los der Tramps. Was Armut bedeutet, hatte er zwar während seiner Londoner Kindheit zur Genüge erfahren, doch dieser einmal entronnen, scherte er sich herzlich wenig um die Underdogs und deren Probleme. Wenn es ihm gelang, durch seine Filme Vorurteile abzubauen, so war das ein Nebeneffekt, den er nicht einmal zur Kenntnis genommen haben dürfte.

Gleichwohl hafteten der von ihm geschaffenen Figur Merkmale an, die auch dem wirklichen Tramp und Hobo eigneten. Chaplin hat ihn als einen »einsamen Kerl, einen

Dichter und Träumer« bezeichnet. Durch die Betonung dieser Charakteristika hat Chaplin kein grundsätzlich falsches, sondern ein romantisierendes Bild vom Tramp gezeichnet. Den meisten Zuschauern entging, daß Chaplins Darstellung des Trampalltags nur bedingt mit der Realität zu tun hatte, gerade darum waren sie geneigt, die Vagabunden in einem milderen Licht zu sehen. Vielleicht war es Chaplin, der unwissentlich und unbeabsichtigt die breite Akzeptanz der ersten umfassenden Studie über die Hobos vorbereitet hatte. Gemeint ist das hier schon mehrfach erwähnte Buch *The Hobo. The Sociology of the Homeless Man* von Nels Anderson, erschienen 1923.

Anderson, Sohn eines aus Schweden eingewanderten Hobos, aufgewachsen in Chicago, schlug sich in seiner Kindheit und Jugend als Zeitungsverkäufer, Erntehelfer, Bergwerksarbeiter, Gleisleger und Weichensteller durch. Nach ausgiebigen Vagabundenjahren konvertierte er zum Glauben der Mormonen, absolvierte ein paar College-Semester, diente kurz in der Armee, zog wieder nach Chicago und machte sein Examen in Soziologie. Dann lernte er Ben Reitman kennen, der ihm vorschlug, eine Studie über die Obdachlosen in Chicago zu schreiben. Anderson war interessiert. Wenig später hatte Reitman die Zusage der Gesundheitsbehörde, die finanziellen Mittel für diese Forschungsarbeit bereitzustellen. Nels Anderson konnte sich an die Arbeit machen.

Wer aber war Ben Reitman?

2. Kapitel

Der König der Hobos und die Königin der Anarchie

Kann man sich Woody Allen in Pittsburgh oder in Palm Beach vorstellen, kann man sich Karl Valentin in Bremen oder Peter Altenberg in Klagenfurt vorstellen? Es gibt Menschen, die untrennbar mit einem Ort verbunden sind. Man kann sich nicht denken, daß sie woanders zu dem geworden wären, was sie schließlich waren. Bei der sprichwörtlichen Mobilität und Umzugslust der Amerikaner sind solche Menschen in den USA naturgemäß selten. Aber es gibt und gab sie. Eines dieser seltenen Exemplare war Ben Reitman, einer der seinerzeit schillerndsten und faszinierendsten Bewohner der an Exzentrikern nie armen Metropole Chicago; geliebt und vergöttert von den Hobos, den Underdogs, den Prostituierten und Unmengen anderer Frauen, gehaßt und verteufelt von den Anarchisten und konservativen Bürgern.

Noch heute verbinden sich mit Chicago, zumindest außerhalb der USA, zwei Begriffe: die Schlachthöfe und die Mafia. Die Schlachthöfe gibt es schon längst nicht mehr, und die Mafia hat sich andere Hauptquartiere gesucht. Inzwischen ist Chicago eine etwas betuliche, freundliche Stadt mit vergleichsweise geringer Kriminalitätsquote und nach wie vor wunderschön.

Man kann sich nur noch schwer vergegenwärtigen, daß hier einmal Verbrechen und Korruption blühten und daß diese Stadt während der ersten anderthalb Jahrzehnte des 20. Jahrhunderts das kulturelle Zentrum der Vereinigten Staaten war. Ein Fünftel der Filmweltproduktion kam aus Chicago, die literarische Avantgarde der Nation war hier beheimatet, nirgends gab es eine kühnere und fortschrittlichere Architektur, hier war die einzige ernstzunehmende Arbeiterbewegung entstanden, hier gab es eine anarchistische Tradition. Schon im 19. Jahrhundert war Chicago eine multikulturelle Stadt, es gab ein Chinatown, die deutschen und irischen Einwanderer hatten je ein ganzes Stadtviertel belegt, und nach dem Bürgerkrieg suchten Tausende befreiter Sklaven hier als Fabrikarbeiter oder in den Schlachthöfen unterzukommen. Damals entstand das geflügelte Wort: »Wenn du es in New York schaffst, schaffst du es überall; wenn du es nicht in Chicago schaffst, schaffst du es nirgends.«

Chicago hatte, dank seiner zentralen Lage, den größten Bahnhof der Nation und war allein deswegen für Hobos attraktiv. In keiner anderen Stadt gab es mehr Flophouses, in keiner anderen amerikanischen Stadt wären die aufwieglerischen Seifenkistenredner toleriert worden, in keiner anderen Stadt gab es mehr Bohemiens und linksradikale Zeitschriften, Buchhandlungen und Verlage – und anarchistische Klubs und Kneipen.

Eines der bizarrsten Etablissements, die es je auf amerikanischen Boden gegeben hat, war der »Dill Pickle Club«, eine Verbindung aus Restaurant, Kaffeehaus, Pinte, Kulturzentrum, Volkshochschule, Galerie, Laientheater, Übernachtungsheim, Hobo-, Künstler-, Politiker-, Gangster-, Prostituierten- und Intellektuellentreff. Einer der renommiertesten Stammgäste war Joseph »Yellow Kid« Weil, der erfolgreichste und berühmteste amerikanische Hochstapler des 20. Jahrhunderts.

Willkommen war jeder, nur dickleibige Gäste hatten keine Chance; man mußte sich nämlich, um zur Tooker

Alley Nr. 18 (längst abgerissen), so die Adresse unweit der North State Street und des Bughouse Square, zu gelangen, durch eine Mauerspalte quetschen. War einem das gelungen, erreichte man eine orangefarbene Tür, auf der zu lesen stand: »Hoch steigen, tief bücken und alle Würde draußen lassen.« Nach Überwindung einer hohen Stufe kam man am besten kriechend durch die niedrige Tür in das seltsame Unternehmen, das 1916 von einem Jack Jones gegründet worden war.

John Archibald (Jack) Jones war 1907 nach Chicago gekommen, nachdem er als Sprengstoffexperte radikaler Saboteure der Arbeiterbewegung an beiden Händen ein paar Finger eingebüßt und ihn seine Frau verlassen hatte. Erst schlug er sich als Manager eines Flophouse durch, dann gründete er in einer verlassenen Scheune den »Dill Pickle Club«, um den Seifenkistenrednern auch während der kalten Jahreszeit ein Forum zu schaffen. Denn nach Ansicht von Jack Jones sollte jeder jederzeit das Recht haben, seine Meinung frei zu äußern. Ein Recht, das in den USA zwar konstitutionell verbrieft war, aber ständig mit Füßen getreten wurde. So mußte jeder, der sich etwa für Geburtenkontrolle und freie Liebe einsetzte, mit Gefängnisstrafen rechnen. Es spricht für Chicago, daß die Seifenkistenredner und Dozenten im »Dill Pickle« ungestört ihre Ansichten verbreiten durften.

Dein Zaudern angesichts der Realitäten des Lebens wird manchmal Sozialismus genannt, manchmal Kommunismus, manchmal Anarchismus, aber ein Zaudern bleibt es gleichwohl, und während des kurzen Augenblicks deines Zögerns hast du dieses Königreich der Versager gegründet, der Enterbten, jener, die wie Tiere die Last ihrer phantastischen Ansichten trugen. Bei dir gab es offene Diskussionen über alle Gebiete der amerikanischen Errungenschaften (...)

schrieb der italienische Lyriker Emanuel Carnevali. Jack Jones war ein mutiger und konsequenter, doch kein schöner Mensch. (Carnevali: »Du warst häßlich, aber deine Frau war noch häßlicher.«) Unter »einem riesigen Wuschelkopf hatte er blaßblaue, schielende Augen, wie zwei streitende Austern«, berichtete Kenneth Rexroth.

Sehr lange Arme; eine sehr umfangreiche Hüfte; kurze O-Beine und nach außen gedrehte Zehen, so daß er wie eine Ente aussah, die gleichzeitig glücklich und wütend war. Seine Konversation bestand durchwegs aus blödsinnigen Unterbrechungen und Obszönitäten, als würden Tristan Tzara und Gregory Corso gleichzeitig reden.

Obwohl Jones glühender Antikapitalist war, träumte er davon, Millionär zu werden. Darum verwandte er viel Zeit und Geld auf alle möglichen Erfindungen, wobei er einer mechanischen Spielzeugente die größten Chancen einräumte. Die Ente (dem späteren Donald Duck offenbar nicht unähnlich) »sah ihm täuschend ähnlich und watschelte genau wie er« (Rexroth), war aber ein kommerzieller Mißerfolg, weswegen sich Mr. Jones wieder verstärkt seinem famosen Klub zuwandte.

Im Parterre waren das Lokal, ein Versammlungs- und Theaterraum, der ungefähr 700 Personen faßte, untergebracht, im ersten Stock, dem ehemaligen Heuboden, eine Galerie mit wechselnden Ausstellungen moderner Maler, die gleichzeitig Stammgäste waren und gelegentlich mit Bildern ihre Zeche beglichen, und einige Schlafkammern für durchreisende Künstler und Wanderredner, während das flache Dach als Freiluftatelier und Probebühne für angehende Tänzerinnen diente.

Die Sonntagabende waren dem Theater vorbehalten. Zur Aufführung gelangten ausschließlich Stücke moderner Autoren, zum Teil handelte es sich um amerikanische Premieren, einfach weil die Intendanten professioneller Häuser sich nicht trauten, die Dramen von Ibsen, Strindberg, Shaw und Wedekind ihren puritanisch gesinnten Abonnenten zuzumuten. Im »Dill Pickle« standen auch frühe Einakter von Eugene O'Neill und japanische No-Spiele in der Übersetzung von Ezra Pound auf dem Programm. Die Bühnenbilder waren Schöpfungen von Mr. Jones himself, der auch ein raffiniertes Beleuchtungssystem installiert hatte, meistens Regie führte und so manche Rolle übernahm. Auch die übrigen Schauspieler waren Laien, sieht man von einigen Darstellern ab, die sich bei Vaudeville-Shows oder im Burlesktheater ein paar Bühnenerfahrungen erworben hatten. Fräulein Julie und Hedda Gabler wurden von bekannten Stripperinnen gespielt, recht überzeugend sogar, »da Nutten nichts lieber machen, als auf einer kleinen Theaterbühne Nutten zu spielen«, wie Kenneth Rexroth feststellt.

Als kühnstes Theater der USA galten damals die »Provincetown Players«. Sie übten ein Stück von Ben Hecht, einem der prominentesten Autoren und Feuilletonisten Chicagos, ein, brachen die Proben aber bald ab, da sie wegen des scheinbar blasphemischen Inhalts und der vulgären Sprache des Stücks Repressalien befürchteten. Unschwer zu erraten, wo Ben Hechts Dramolett uraufgeführt wurde. Im dritten Akt sieht ein frierender, hungriger Hobo in einer klirrend kalten Nacht Jesus in einem Schaufenster und wendet sich monologisierend dem Heiland zu. Am Schluß stellt sich heraus, daß Jesus niemand anderes als der Hobo selbst war, der zu seinem Spiegelbild gesprochen hatte. Am Schluß sagt der Hobo:

Hallo, ist wieder da, der alte Jesus. Hast du nicht die Schnauze voll vom letztenmal, als du hier warst? Hat keinen Sinn, wenn wir Kirchen aufsuchen; sie würden uns beide rausschmeißen. Mit deinen Fähigkeiten könntest du doch ein bißchen Wein herzaubern, damit wir einen zur Brust nehmen können. Es ist eine kalte Welt. Ich kenne eine Frau da draußen auf der Straße. Sie dürfte ihre nächtliche Arbeit beendet haben. Laß uns gehen und mit ihr ins Bett kriechen, damit wir es ein wenig warm haben.

Eine solche Sprache war sogar für das Publikum des »Dill Pickle« zu viel. Scharenweise verließ es während der Aufführung den Saal. Und nicht nur das. Immer öfter besuchten FBI-Agenten und andere Geheimdienstler den »Dill Pickle«, diesem Sumpf aus Bohemiens, Anarchisten, Revolutionären und sonstigem staatgefährdenden Gesindel, um Berichte anzufertigen. Den Vorgesetzten in Washington dürften die Haare zu Berge gestanden haben, wenn sie Mitteilungen wie diese lasen: »Es wurden Mädchen beobachtet, die Zigaretten rauchten oder auf dem Schoß eines Mannes saßen.«

Wichtiger noch als die Theaterabende waren die Vorträge am Samstag. Jeder durfte sich zu jedem Thema äußern. Und es traten oft genug hochqualifizierte Redner auf. Allerdings hatten sie sich einem Publikum zu stellen, das kaum kritischer und gewitzter hätte sein können. Es setzte sich nicht nur aus Schriftstellern und Professoren zusammen, sondern überwiegend aus Seifenkistenrednern und deren Zuhörern, also Leuten, die in Zwischenrufen geübt waren und gerne knifflige Fragen stellten. Die Rededuelle waren die eigentliche Attraktion, für die man seine 25 Cent Eintrittsgeld entrichtet hatte. Zuweilen kam es vor, daß Ebbe in der Kasse war, weil die angekündigten Vortragsthemen den Saal kaum füllten. Dann setzte Jack Jones ein Referat zum Thema Sex an, und schon stimmte die Kasse wieder.

Wenn es um dieses Thema ging, stand zumeist Dr. Ben Reitman auf dem Podium. Als Arzt für Geschlechtskrankheiten, als Befürworter der Geburtenkontrolle und freien Liebe und als Hausarzt eines Bordells, das Al Capone gehörte, fand er immer Themen, die eine große Zuhörerschaft anlockten.

Kaum weniger beliebt als die Theater- und Vortragsabende waren die Dichterlesungen. Die Liste der Namen all jener, die hier aus ihren Werken vorgelesen haben, mutet wie ein Who is Who der damaligen schreibenden Prominenz des Mittleren Westens an: Carl Sandburg, Sherwood Anderson, Ben Hecht, Edgar Lee Masters, Vachel Lindsay, Ring Lardner, Theodore Dreiser, um nur ein paar zu nennen. Der Lyriker Alfred Kreymborg hatte zu einer Veranstaltung massenweise Exemplare eines im Selbstverlag erschienenen Gedichtbands mitgebracht und war klug genug, Ben Reitman mit dem Verkauf zu betreuen. In der Pause drängelte sich Reitman mit den Büchern durch die Menge und rief: »Wenn ihr in den Schoß der Familie zurückkehrt und die Frau fragt, wie und wo ihr den Abend verbracht habt, werdet ihr nur in der Lage sein, ihr zu erzählen, wie langweilig und harmlos es war, wenn ihr zum Beweis dieses Buch vorlegt.« Die Restauflage war binnen weniger Minuten verkauft.

Reitman war nicht nur Stammgast, sondern auch PR-

Mann des »Dill Pickle« und zusammen mit Jack Jones Herausgeber der hauseigenen Zeitschrift *The Dil Pickler* (mit einem l, kein Druckfehler), in der Gedichte, Witze und kleine Glossen standen und viel Tratsch über Chicagos Boheme. Heute sind diese Hefte sündhaft teure Sammlerstücke.

In den zwanziger Jahren wurde der Klub allmählich Opfer seines Ruhmes – immer mehr Touristen suchten ihn auf, immer weniger der alten Gästen kamen noch. Jones, dessen zweite Frau, eine Malerin namens Ann Mitchell, während einer gemeinsamen Bootsfahrt im Lake Michigan ertrunken war, verfiel zunehmend in Depressionen. 1933 wurde der »Dill Pickle Club« geschlossen. Sein Gründer und Wirt starb 1940 völlig verarmt in einem Flophouse. Möglicherweise hatte er sich das Leben genommen.

Während der ersten Jahre seiner Existenz war der »Dill Pickle« sozusagen Ben Reitmans zweites Wohnzimmer. Hier fand er Repräsentanten all jener Menschen versammelt, die ihn interessierten: Hobos, Tramps, Prostituierte, Bohemiens, also Randfiguren der Gesellschaft, aber auch Wissenschaftler, mit denen er medizinische Probleme diskutieren konnte, und Politiker, die er zu überreden versuchte, sich des Loses der Armen anzunehmen. Außerdem dürfte er hier die eine oder andere Frau aufgerissen haben, war er doch einer der berüchtigtsten und erfolgreichsten Schürzenjäger der Stadt.

Zur Welt kam er am 1. Januar 1879 in St. Paul, Minnesota, als Sohn jüdisch-russischer Immigranten. Sein Vater war Hausierer, der mit dem Verkauf von Textilien und Kurzwaren eine Existenz aufzubauen versuchte, was gründlich mißlang. Enttäuscht und verbittert zog er eines Tages nach New York und ließ seine Frau Ida mit den beiden Söhnen zurück. Eine Zeitlang hielt Idas Vater die Familie über Wasser, ehe Ida, nach Zwischenstationen in mehreren Staaten, ein billiges Zimmer in Chicagos Rotlichtviertel mietete. Ben war vier Jahre alt. Zu seinen frühesten Bekanntschaften zählten Prostituierte, die ihn bemutterten und für die er bald gegen geringe Entlohnung Botengänge machte. »Es kam mir nicht in den Sinn«, schrieb er später, »daß diese Mädchen lasterhaft oder unmoralisch waren. Sie waren gutherzig, vergnügt, mitfühlend, großzügig – menschlich.« Und Roger A. Bruns fügt in seiner Reitman-Biografie *The Damndest Radical*, der ich in diesem Kapitel die meisten Informationen über Reitman entnehme, hinzu: »Viele dieser Frauen waren seine besten Freundinnen; einige seine Bettgenossinnen.«

Ida Reitman zieht von einer Billigwohnung in die nächste, bringt sich und die Kinder mehr schlecht als recht mit Gelegenheitsjobs durch. Ben trägt sein Scherflein zum Überleben der Familie bei – er klaut Kohlen an den Bahnhofsgeleisen, schnorrt Mahlzeiten, arbeitet als Zeitungsverkäufer und Schuhputzer.

Ein paar Jahre lang besucht er eine katholische Schule, die er häufig schwänzt, entsprechend kläglich sind seine Zensuren. Er zieht es vor, die Stadt zu durchstreifen und in der Nähe der Güterzüge rumzuhängen – bei den Hobos und Tramps, deren Erzählungen er mit wachsender Begeisterung lauscht. Mit zwölf Jahren schließt er sich zwei Tramps an und reist mit ihnen in Richtung Osten. Erste Zwischenstation ist ein Dschungel in Ohio, vornehmlich von Dieben, Eisenbahnräubern und Safeknackern bewohnt, Mitgliedern der berüchtigten Lake Shore Gang, aber auch Tramps, die er bereits vom Hörensagen kennt, wie etwa Sailor Bill, der einst zur See gefahren war und die haarsträubendsten Abenteuer zu berichten weiß. Bereits damals lernt Ben auch den schon erwähnten Schirmflicker William Aspinwall kennen. In einem seiner Briefe schildert er, was er über die Lake Shore Gang erfahren hat:

Hobos haben mir erzählt, daß sie nicht zögern, jede Art von Verbrechen zu begehen. Sie berauben und ermorden Hobos, die nicht zu ihrer Gang gehören – mir wurde von einem Jungen erzählt, vielleicht 16 oder 18 Jahre alt, der in einen Güterwaggon sprang, in dem auch Mitglieder dieser Gang waren. Sie haben den jungen Kerl vollständig ausgeraubt, ihm nur Hemd und Hose gelassen, haben ihn vergewaltigt und ihn dann bei voller Fahrt aus dem Zug geworfen.

Nicht die angenehmste Gesellschaft, in die Ben da geraten war, doch wurde ihm nichts angetan, da er in Begleitung zweier bekannter Tramps war. Gleich zu Anfang seiner ersten Überlandreise erfuhr er, daß das Hobo- und Trampleben kein Zuckerschlecken war. Entmutigt hat ihn das keineswegs, selbst als er fünfzehnjährig erstmals zu einer Gefängnisstrafe verurteilt wurde. Während der folgenden Jahrzehnte ging er immer wieder auf die Walz, kehrte aber mit gleicher Regelmäßigkeit nach Chicago zurück. In keiner anderen Stadt hätte er es längere Zeit ausgehalten.

Im Gegensatz zu den meisten Hobos beschränkte er sein Wanderleben nicht auf die Vereinigten Staaten. Einmal heuerte er auf einem britischen Schiff an, das über Liverpool, Malta und Port Said bis nach Indien fuhr.

1898 wurde er Hilfskraft im Labor der Polyklinik in Chicago. Es dauerte nicht lange, ehe man auf den neuen Assistenten und seine Fähigkeit, wissenschaftlich zu arbeiten, aufmerksam wurde. Als einer seiner Vorgesetzten an eine Universität berufen wurde, forderte er Ben auf, ihm zu folgen und Medizin zu studieren. Ben machte rasche Fortschritte, vernachlässigte darüber aber nicht sein Privatleben. Von einer frühen, allzu frühen Verlobung sei erzählt, da sie Reitmans Entschlußfreudigkeit und sein Verhältnis zu Frauen illustriert: Er saß bereits im Wohnzimmer der künftigen Schwiegereltern, wo zwanzig Minuten später die Vermählung stattfinden sollte. Neben ihm hatte die Schwester des Pfarrers Platz genommen, ohne zu wissen, daß der schmucke Nachbar der Bräutigam war. Ein tiefer Blick genügte, schon hielt man Händchen und war einander verfallen. Wer hat da noch Lust zu heiraten! Ben jedenfalls nicht. Er springt auf, stößt ein paar irre Urlaute aus, beißt den Pfarrer in den Hals und rennt fort. Die Braut sinkt auf die Knie und dankt Gott, daß er ihre Verehelichung mit einem Verrückten in letzter Sekunde verhindert hat.

Einige Monate später ist Ben erneut auf Freiersfüßen. Diesmal heiratet er wirklich. Die Schwiegereltern finanzieren die Hochzeitsreise nach Deutschland. Man besucht Berlin, Hamburg, Dresden – und schließlich Prag, wo der frischgebackene Ehemann plötzlich abhaut, unter Zurücklassung seiner schwangeren Frau. Pünktlich zum Ende der Semesterferien trifft er wieder in Chicago ein. 1904 besteht er sein medizinisches Examen und eröffnet sogleich eine Praxis in einem Armenviertel. Übrigens hat er nie den Doktortitel erworben, er wurde ihm »angehängt«, was ihn nicht störte. Vom ersten Tag an waren seine Patienten, wie er es gewollt hatte, Hobos, Tramps, Bums, Bettler, Prostituierte, Drogenabhängige und Zuhälter. Wenn ihm die Arbeit zu eintönig wurde, schloß er die Praxis und zog wieder durch die Lande. Dabei war ihm

Europa nicht zu weit. In Paris schloß er sich der Wildwestshow von Buffalo Bill an, als Handlanger und Arzt.

1906 ist er während des großen Erdbebens in San Francisco, wo er sich als Krankenwagenfahrer und freiwilliger Helfer in einer Klinik nützlich macht.

Im Februar 1907 finden wir ihn in St. Louis, er nimmt an einem Hobotreffen teil. Einberufen hatte es James E. How, der sogenannte Millionärshobo, ein Mann, der in ganz Amerika bekannt war und entweder belächelt oder bewundert wurde. Er war sieben Jahre älter als Reitman, Sohn einer sehr wohlhabenden Familie, und hatte bereits während seines Studiums an der Harvard-Universität deutlich gemacht, daß er den vorgezeichneten Pfad einer bürgerlichen Existenz nicht beschreiten würde. Er bezog ein unmöbliertes Zimmer, verkaufte seinen piekfeinen Anzug und alles, was er nicht unbedingt brauchte, um den Erlös den Armen zu schenken. Nach dem Tod des Vaters erbte er 20 000 Dollar. Er gab das Geld dem Bürgermeister von St. Louis mit der Anweisung, es an die Bedürftigen weiterzuleiten. Kaum anders verfuhr er mit den von der Mutter hinterlassenen 125 000 Dollar. Sein Leben widmete er dem Ziel, das Los der Hobos zu verbessern.

Zu diesem Zweck gab er die *Hobo News* heraus, und 1905 gründete er die »International Brotherhood Welfare Association« (IBWA), eine Art Hobogewerkschaft. In dem etwa gleichzeitig in Chicago gegründeten klassenkämpferischen Gewerkschaftsbund »Industrial Workers of the World« (IWW) hatte es Bemühungen gegeben, die Hobos zu integrieren. Augustin Souchy meint, »die umherziehenden Landarbeiter und Holzfäller traten zu Massen in die IWW ein«. Nach anderen Quellen waren die Anwerbungsversuche von mäßigem Erfolg gekrönt. Zwar trat so mancher Hobo der Organisation bei, doch in erster Linie, um in den Besitz der roten Mitgliedskarte zu gelangen; war der Lokomotivführer eines Güterzuges ebenfalls IWW-Mitglied, ließ er den Genossen mitfahren, ohne Schwierigkeiten zu machen.

James How sah in den Hobos ein ungeheueres, brachliegendes Potential an Intelligenz, Kreativität und Arbeitskraft. Würden die Hobos sich unter einem Dachverband zusammenschließen, könnten sie eine wesentliche Verbesserung ihrer Lebensqualität durchsetzen. Während die IWW direkte Aktionen, Streik etwa, befürwortete, hielt How ein Erziehungsprogramm für vordringlich. Erst muß der Hobo sich seiner Lage und seiner Möglichkeiten bewußt werden, dann soll er lernen, sich seiner Haut zu wehren, sein Schicksal in die Hand zu nehmen, wobei eine umfassende Bildung keinesfalls schaden kann. Also gründete er ein Hobo College, in dem kostenfreie Kurse angeboten wurden, beispielsweise in Jura, so daß der Hobo erfuhr, welche Rechte er überhaupt hatte. Professoren hielten Vorträge über Soziologie, Philosophie, Geschichte, Mediziner sprachen über Verhütung und Heilung von Geschlechtskrankheiten, Tramps verrieten die besten Betteltechniken, Seifenkistenredner wandten sich politischen Themen zu. Dabei handelte es sich nicht um einen trockenen Vorlesungs- und Seminarbetrieb, es wurde heftig diskutiert, es wurden Witze erzählt und revolutionäre Lieder angestimmt, wie sie in dem *Little Red Songbook* standen, das fast jeder Hobo mit sich führte.

Nach jenem Treffen in St. Louis setzten sich How und Reitman zusammen – ein paar Stunden, die, wie Reitman später schrieb, sein Leben veränderten. Bis zu diesem Zeitpunkt war seine Vita abwechslungsreich und alles andere als langweilig gewesen, aber es hatte ein Ziel gefehlt, etwas, wofür zu kämpfen es sich lohnte. James How gab ihm ein solches Ziel vor: die Gründung weiterer Hobo Colleges und einer Niederlassung der IBWA. Ben war Feuer und Flamme, zumal ihm How finanzielle Unterstützung zusagte – noch immer flossen Gelder aus den Unternehmen seiner entsetzten Familie. Noch am selben Abend schrieb sich Reitman bei der IBWA ein. Die zehn Cent Mitgliedsbeitrag übernahm How.

»Ich sah neue Welten, die es zu erobern galt«, schrieb Reitman in seiner Autobiografie, die unbegreiflicherweise bis heute nicht veröffentlicht ist, »ich fing an, Pläne auszuhecken, dem Hoboproblem zu begegnen. Ich hielt mich für den größten aller Hobos, den Hobo, der alle aus ihrem obdachlosen, frauenlosen, joblosen Leben erretten würde.« Zurück in Chicago, packte er die neue Aufgabe an.

Reitman war PR-Mann genug, um zu wissen, daß seine neue Aufgabe erst einmal Öffentlichkeit brauchte, Aufsehen erregen mußte. Er hatte den genialen Einfall, ein Hobobankett in einem der vornehmsten Hotels der Stadt zu veranstalten. Dazu lud er Reporter aus ganz Amerika ein. »Der Zweck dieses Banketts ist«, ließ er verlauten,

> *daß man begreift, was diese Männer brauchen. Wir haben kein Recht, über die Bedürfnisse von Männern zu sprechen, deren Leben wir nicht kennen. Wir werden sie selbst erzählen lassen. Sie werden uns die Wahrheit und viel Neues erzählen. Soziologen können viel von den Äußerungen dieser gestrauchelten Männer lernen.*

Natürlich wußte Reitman genau, welche Bedürfnisse diese Männer hatten, und ihr Leben kannte er so gut wie jeder andere Hobo. Doch darum ging es jetzt nicht; würde die

Presse mitziehen, könnte er ohne viel Überzeugungsarbeit Sponsoren für sein Projekt gewinnen.

Das denkwürdige Ereignis fand am 20. Mai 1907 im »Windsor-Clifton Hotel« statt. Über hundert Hobos, Tramps und Bums fanden sich ein, dazu Presseleute und einige Soziologen. Die vornehmen Hotelgäste staunten nicht schlecht, als sich die Prozession zerlumpter, unrasierter Männer durch die Lobby in Richtung Speisesaal bewegte, Männer, die sich zudem mit eigentümlichen Namen wie Coffin Nailer, Dirty Bill und One Tooth Scully anredeten. Reitman war eine wunderbare Demonstration der Tatsache gelungen, daß Amerika eine Klassengesellschaft war, in der die Kluft zwischen Arm und Reich immer größer wurde, daß in der reichsten Nation der Welt bitterstes Elend herrschte.

Zehn Redner waren vorher von Reitman ausgewählt worden, darunter ein alter Kumpel von der Lake Shore Gang. Aber erst einmal gab es ein mehrgängiges Menü, das mit Käse, Kaffee und Zigarren abgeschlossen wurde. Die Stimmung wurde immer ausgelassener, der Alkohol floß in Strömen, doch nur einer der vorgesehenen Redner konnte das Wort nicht an die Versammlung richten, da er unter dem Tisch seinen Rausch ausschlief. Die anderen referierten ihre durchwegs unerfreulichen Biografien.

»Diese Männer mit ihren zerfurchten, wettergegerbten Gesichtern«, schreibt Roger A. Bruns,

> *hatten naßkalte Gefängnisse von innen gesehen, den Schlagstock von Bahndetektiven zu spüren bekommen, hatten Hunderte von Gelegenheitsjobs zu einem Hungerlohn angenommen, mit Schicksalsgenossen manchen Mulligan geteilt, gegen Ungeziefer in Obdachlosenheimen gekämpft, gebettelt, betrogen, gestohlen,*

gerauft und manchmal mit knapper Not überlebt. (...) Ein hartgesottener Mann in den Zwanzigern, der sich John Smith nannte, war nicht nur in Gefängnissen, sondern auch in Zuchthäusern gewesen. Er erzählte seinen Genossen im Windsor-Clifton von seinen vierzehn Jahren inner- und außerhalb des Knasts. »In einer verschmutzten, dunklen, elenden Zelle lebend, schritt ich auf und ab, ich weinte, dann lachte ich, und schließlich hat diese ganze Grausamkeit diese Falten in mein Gesicht gegraben. Jetzt, da ich arbeite, verschwinden die tiefen Falten, und das verdanke ich der International Brotherhood Welfare Association!«

Zum Schluß ergriff Ben Reitman selbst das Wort, beschrieb aus eigener Erfahrung, welch entwürdigender Behandlung die Hobos ausgesetzt seien, und skizzierte die Ziele der IBWA.

Das Presseecho war nicht so, wie Reitman es sich erhofft hatte. Zwar wurde weithin über das Hobobankett berichtet, sogar die *New York Times* veröffentlichte einen Artikel, doch zu lesen war eher über das Kuriose der Veranstaltung als über deren eigentliches Anliegen.

Wenig später wurde Reitman die Arztpraxis, die gleichzeitig das erste Hobo College der Stadt war, gekündigt. Die Bewohner des Mietshauses hatten sich mit Erfolg über die Armadas Obdachloser beschwert, die von früh bis spät an jeder Wohnungstür läuteten, um ein wenig Geld oder Essen zu erbetteln. Da es ohnehin gerade Frühling geworden war, beschloß er, mal wieder dem Ruf der Straße beziehungsweise des Schienenstrangs zu folgen. Ehe er eine neue Praxis eröffnete oder ein Hobo College gründete, wollte er Forschungsarbeit leisten, Informationen sammeln.

Sein Weg führte ihn kreuz und quer durchs Land, er sprach mit Eisenbahndetektiven, Leitern von Wohltätigkeitsvereinen, durchkämmte Gerichtsakten, schrieb auf, was er in Dschungeln erfuhr und beobachtete. Wo es ging, hielt er Vorträge, warb für seine Ideen. Zurück in Chicago setzte er seine Studien fort, verkleidete sich als Pennbruder und klapperte bettelnd Kirchen, Missionsstationen, Spielhöllen, Arztpraxen und Kneipen ab. Nachdem er mehrere Hundert Leute um eine milde Gabe gebeten hatte, nannte er etwas mehr als vier Dollar sein eigen. Dann übernachtete er in einer Reihe Flophouses; das Ergebnis kann man sich, nach allem, was wir bereits darüber gehört haben, leicht denken.

Für den 23. Januar 1908 hatte die Sozialistische Partei einen Protestmarsch der Arbeitslosen zum Rathaus angekündigt. Kaum hatte George Shippy, Chicagos Polizeichef, davon Wind bekommen, untersagte er die Demonstration. Und schon zogen die Parteiführer den Schwanz ein, entschieden, den Marsch abzusagen und Mr. Shippy untertänigst zu bitten, ihn einen Monat später durchführen zu dürfen. Nur eine Splittergruppe widersetzte sich, und genau der gehorchten die Demonstranten und versammelten sich zur festgesetzten Zeit. Die Polizei marschierte auf, und nun plädierten auch die letzten Sozialisten dafür, die Aktion zu verschieben.

Auftritt Ben Reitman. »Der Marsch wird stattfinden«, rief er. »Ich werde euch anführen. Ich habe keine Angst. Diese Sozialisten sind Bluffer und haben kalte Füße bekommen. Ich bin kein Sozialist.«

Der Protestzug machte sich auf und begegnete bald Hundertschaften der Polizei. Reitman wurde zusammengeschlagen, abgeführt und ins Gefängnis geworfen, doch bald wieder gegen Kaution freigelassen.

Polizeipräsident Shippy kam nicht zur Ruhe. Kaum fünf Wochen nach der einigermaßen glimpflich verlaufenen Demonstration der Arbeitslosen und Hobos stand neues Ungemach ins Haus. Eine Frau war im Anmarsch, die einen Vortrag in Chicago halten wollte – die »gefährlichste Frau der Welt«, die eine lange Blutspur hinter sich her zog, deren pure Anwesenheit Mord und Totschlag bedeutete, die nicht nur die Regierung in Washington, sondern auch sämtliche Werte, die den Amerikanern lieb und teuer waren, gewaltsam zu beseitigen trachtete, so die Sensationsberichte der Presse. Diese Bestie in Menschengestalt war niemand anderes als – Emma Goldman.

Die »Hohepriesterin der Anarchie« kam als Tochter jüdischer Eltern 1869 in Rußland zur Welt, besuchte in Königsberg eine deutsche Schule, haute 1885 mit ihrer Schwester in die USA ab, wo sie sich als Näherin durchschlug und einen impotenten Textilarbeiter heiratete, von dem sie sich bald wieder scheiden ließ. Kurz danach heiratete sie ihn ein zweites Mal, um nach erneuter Scheidung von ihrer inzwischen nachgezogenen Familie verstoßen zu werden, worauf sie nach New York zog und bereits am ersten Tag in eine Kneipe geriet, in der sie einen deutschen und einen russischen Anarchisten kennenlernte, Johann Most und Alexander ›Sascha‹ Berkman, in die sie sich gleichzeitig verliebte. Wenig später schenkte sie auch noch Berkmans Vetter Modest ›Fedja‹ Stein, einem jungen Kunstmaler, ihr Herz, worauf sie mit Sascha und Fedja eine Wohngemeinschaft gründete, eine ménage à trois, die erstaunlich lange gut ging, wohl auch weil man dieselben politischen Ansichten teilte und sich schwor, dem Kapitalismus einen entscheidenden Schlag zu versetzen und für »die Sache« notfalls gemeinsam in den Tod zu gehen, eine Verschwörung und Blutsbrüderschaft, wie sie unter Russen nicht selten war. Die Gelegenheit, das Bündnis auf die Probe zu stellen, sollte sich bald genug ergeben.

Einer der rücksichtslosesten Unternehmer der USA war Henry Clay Frick, dessen Methoden derart brutal waren, daß selbst der nicht gerade zimperliche Andrew Carnegie die Beziehung zu ihm abbrach. Als Fricks Stahlwerke 1892 bestreikt wurden, mietete der Magnat dreihundert Pinkerton-Agenten und ließ wahllos in die Menge schießen. Zehn Arbeiter wurden getötet. Signal für Berkman, ein Zeichen zu setzen. Er beschloß, Frick umzubringen. Das Attentat, so dachten Emma und ihre beiden Freunde, würde einem Fanal gleichkommen, die proletarischen Massen in Bewegung setzen. Am 23. Juli 1892 wurde Berkman zu Frick vorgelassen; er zog eine Pistole und schoß dreimal auf den verhaßten Industriellen, verletzte ihn aber nur. Mit einem Messer wollte er die Tat vollenden, wurde jedoch von Arbeitern, die sich im Flur aufgehalten hatten, überwältigt. »Damit hatte Sascha die Chance verfehlt, einem Symbol kapitalistischer Unterdrückung den Todesstoß zu versetzen«, schreibt Candace Falk. »Und ausgerechnet Arbeiter, zu deren Befreiung dieses mutige Attentat geplant war, hatten ihn daran gehindert, waren ihm in den Arm gefallen, um den gemeinsamen Feind zu beschützen!« Berkman wurde zu 22 Jahren Zuchthaus verurteilt, von denen er 14 Jahre absitzen mußte.

Emma Goldman wurde nicht zu Unrecht der Komplizenschaft verdächtigt – sie hatte Geld beschafft, damit Sascha die Pistole und einen Anzug kaufen konnte –, aber man konnte ihr nichts nachweisen. Ins Gefängnis mußte sie gleichwohl. Am Union Square hatte sie eine flammende Rede vor arbeitslosen Frauen gehalten (»Anstiftung zum Aufruhr«) und später einen Polizisten angeschrieen, der ihr Straffreiheit zugesichert hatte, falls sie bereit sei, über die Aktivitäten ihrer radikalen Freunde auszusagen (»Beamtenbeleidigung«). Nach Verbüßung einer einjährigen Zuchthausstrafe zog sie nach Wien, um sich zur Hebamme und Krankenschwester ausbilden zu lassen.

Sie war schon einige Zeit wieder zurück in New York, als sie am 7. September 1901 in der Zeitung eine alarmierende Nachricht las: »Mörder von Präsident McKinley ein Anarchist. Gesteht, von Emma Goldman angestiftet worden zu sein. Anarchistin gesucht.« Leon Czolgosz, der von sich behauptete, Anarchist zu sein, hatte tags zuvor auf William McKinley geschossen und ihn tödlich verletzt. Während seiner Vernehmung hatte er zu Protokoll gegeben, einmal einen Vortrag von Emma Goldman gehört zu haben. Daraus wurde dann sofort Anstiftung zum Mord. Obwohl das barer Unsinn war, hielt es Emma für geboten, in den Untergrund abzutauchen. Jahrelang hielt sie sich bei Freunden versteckt, ehe die Polizei, die jeden und jede verhörte, der mit Emma auch nur flüchtig bekannt gewesen war, wohl selbst zu der Überzeugung gelangte, daß man sie beim schlechtesten Willen nicht mit dem Präsidentenmord in Verbindung bringen konnte.

Zurück zu ihrer Reise nach Chicago und dem Polizeipräsidenten George Shippy. Wie gesagt, der Marsch der Hobos und sonstigen Arbeitslosen war noch nicht lange her, und Shippy fürchtete, ein Auftritt der berüchtigten Anarchistin würde neue Unruhen provozieren. Für Politiker, Gesetzeshüter, Geschäftsleute und andere Autoritäten, erklärt Roger Bruns, war Emma Goldman eine verachtenswerte Hexe, eine Beleidigung all dessen, was gut und rein und amerikanisch ist. »Ihre Kampfansage an amerikanische Institutionen und Sitten und Werte war niederträchtig und schändlich. Sie mußte zum Schweigen gebracht werden.«

Und Shippy ließ durch seinen Stellvertreter, Herman Schuettler, verlauten, daß Miss Goldman Redeverbot erhalte und es niemandem gestattet sei, ihr einen Versammlungsort zur Verfügung zu stellen. Das war zwar ein klarer Verstoß gegen den ersten Verfassungszusatz (Amendment I), der allen Bürgern Rede-, Presse- und Versammlungsfreiheit garantiert, doch hätte jeder, der diese konstitutionelle Zusicherung mißachtete, sich schon damals auf Gewohnheitsrecht berufen können.

Emmas Aussichten, dennoch ihre Vorträge in Chicago halten zu können, wurden nicht gerade besser, nachdem zwei Tage vor ihrer Ankunft ein gewisser Lazarus Averbuch in Shippys Haus marschierte und ein paar Revolverschüsse auf den Polizeichef abfeuerte. Shippy überlebte, Averbuch wurde von dessen Sohn niedergestreckt. Die Polizei hatte nichts Eiligeres zu tun, als Ben Reitman mit dem Attentat in Verbindung zu bringen. Die Beweiskette war lückenlos: Averbuch war Anarchist und hatte wiederholt Versammlungen beigewohnt, bei denen Reitman aufgetreten war. Noch Fragen?

Und jetzt sollte man auch noch dieser dämonischen Frau Goldman ihr Recht auf Redefreiheit zugestehen! Nachdem Emma in Chicago eingetroffen war, ließ ihr Reitman mitteilen, daß ihr ein Saal, den er gewöhnlich für Hoboversammlungen nutzte, zur Verfügung stehe. Und er ließ ihr noch etwas mitteilen: Er wolle sie kennenlernen – auf der Stelle. Sie bat ihn um seinen Besuch. In ihren Memoiren schilderte sie diese erste Begegnung:

Er kam nachmittags, eine exotische, malerische Gestalt mit großem, schwarzen Cowboyhut, wehendem seidenen Halstuch und einem riesigen Stock (...) ein großer Mann mit edel geformtem Kopf, dicken schwarzen

> *Locken, die er offensichtlich länger nicht gewaschen hatte. Er hatte große, braune, träumerische Augen. Wenn er lächelte, zeigte er wundervolle weiße Zähne und seine Lippen waren voll und leidenschaftlich. Er sah aus wie ein hübscher Grobian. Seine schmalen, weißen Hände übten eine seltsame Faszination auf mich aus. Die Fingernägel schienen sich wie sein Haar im Streik gegen Seife und Bürste zu befinden.*

Mit anderen Worten: Liebe auf den ersten Blick. Der »König der Hobos« und die »Königin der Anarchisten« hatten einander gefunden, Geburtsstunde eines turbulenten Jahrzehnts.

Der geplante Vortrag in der Hobohalle fiel ins Wasser, da die Polizei plötzlich entdeckte, daß die Räumlichkeiten nicht den feuerpolizeilichen Vorschriften genügten. Ein paar Tage später gingen Emma und Ben zu einen Vortrag in der Anthropologischen Gesellschaft, der nur darum halbwegs gut besucht war, da im Publikum vierzig Polizisten saßen, die dem satanischen Paar auf Schritt und Tritt folgten. Die ganze Hysterie hatte den Vorteil, daß Emma in Milwaukee, wo sie kurze Zeit später mehrere Reden halten sollte, einen Zustrom wie noch nie hatte. Presseberichte über die Ereignisse in Chicago hatten die Menschen neugierig gemacht. Sie konnte sich ihres Erfolgs aber nicht so recht erfreuen, da sie in Gedanken stets bei Ben war, die Trennung für wenige Tage nicht ertrug. Sie bat ihn telegrafisch, zu kommen, und er kam. Zurück in Chicago hatten sie ein wenig Zeit, sich näher kennenzulernen – vor allem im Bett. Emma verfiel geradezu in einen Sinnenrausch, zumal Ben sie mit Liebestechniken vertraut machte, die er während zahlloser Bordellbesuche erlernt hatte.

Doch dann geschah etwas, das auf Emma wie eine kalte Dusche wirkte. Am Abend, ehe sie nach Minneapolis abreiste, ging sie mit Ben und ein paar Freunden essen. Am Nebentisch saß der stellvertretende Polizeipräsident Herman Schuettler. Ben ging auf ihn zu und schüttelte ihm freundlich die Hand. Emma traute ihren Augen nicht. Wütend stand sie auf und verließ das Lokal. Ben mußte seine ganze Überredungskunst aufwenden, um Emmas Vertrauen zurückzugewinnen – er sei kein Freund der Polizei, stehe mit ihr einzig auf gutem Fuße, um gelegentlich etwas für seine Hobofreunde und die Prostituierten zu erreichen.

Zur Enttäuschung dieser Freunde verließ er Chicago, um sich Emma Goldman auf einer Vortragsreise durch Kalifornien anzuschließen. »Ben war entschlossen«, schreibt Candace Falk,

> *sie als Helfer auf der Reise zu begleiten. Indem er sich selbst diesen untergeordneten Platz zuwies, den Platz hinter den Kulissen, mit dem sich nur wenige Männer begnügen, konnte er der Frau, die er liebte, einen Beweis seiner Verbundenheit geben. Er würde die Veranstaltungen vorbereiten, Bücher verkaufen, diese und jene Aufgaben übernehmen – und das alles, um in ihrer Nähe zu sein.*

Eine ganz andere Aufgabe übernahm Emma. Sie hatte längst festgestellt, daß ihr Ben das war, was man unter einem Kulturbanausen versteht. Er hatte von Literatur, Philosophie und politischer Theorie nicht die leiseste Ahnung. Tatkräftig und mutig hatte er sich zwar immer für die Belange der Unterprivilegierten eingesetzt, doch die Ursachen der sozialen Mißstände in den USA waren ihm nie einen Gedanken wert gewesen. Emma erteilte ihm gründlichen Nachhilfeunterricht. Sie machte ihn mit den Ideen der Anarchisten vertraut, las mit ihm Werke der Weltliteratur, hielt ihm Vorträge über alle denkbaren soziologischen und politischen Themen. Ganz selbstlos war diese Mühe nicht, die hochgebildete Emma wollte verständlicherweise nicht, daß ihr charmanter, doch etwas primitiver und ungehobelter Lover sie im Kreis ihrer meist intellektuellen Freunde blamierte.

Die Vortragsreise durch die drei Staaten der Westküste war ein voller Erfolg, dank der hervorragenden Öffentlichkeitsarbeit Ben Reitmans – und der Polizei. Wo immer sie ankamen, am Bahnhof warteten bereits massenweise Reporter und Ordnungshüter. Keine Sekunde wurden sie aus den Augen gelassen. Bereitwillig gewährte Emma Interviews, und regelmäßig waren die Zeitungsleute verblüfft, einer kleinen, etwas rundlichen und höflichen Frau gegenüberzusitzen, die intelligente Antworten gab und Gewalt ablehnte. Die Polizei beeindruckte das wenig, sie überwachte Emmas Auftritte mit einem grotesken Aufgebot. »Diese Anhäufung uniformierter Männer«, schrieb sie später, »war für uns eine bessere Reklame, als wir sie uns je hätten erhoffen können.« Hinzu kam Bens wirkungsvolle PR-Tätigkeit. Er verteilte Tausende von Handzetteln, malte Posters, hielt Seifenkistenreden, die immer mit der Aufforderung endeten, den abendlichen Vortrag Emma Goldmans zu besuchen.

Waren früher zu ihren Veranstaltungen bestenfalls dreihundert Leute gekommen, waren es jetzt nicht selten fünftausend. So in San Francisco, wo sie eine Rede zum Thema Patriotismus hielt. Patriotismus, sagte sie unter Berufung auf Tolstoi, sei ein Prinzip, das auf legale Weise die Ausbildung von Massenmördern rechtfertige. Nach dem

Vortrag schüttelte ihr ein junger Soldat die Hand. Der Mann wurde degradiert und zu fünf Jahren Alcatraz verurteilt.

Emma und Ben waren ein gutes Team. Nie zuvor hatte sie ein größeres Publikum gehabt, nie zuvor wurden vor und nach den Veranstaltungen mehr Bücher und mehr Exemplare der von Emma herausgegebenen Zeitschrift *Mother Earth* verkauft. Dennoch gab es ein Problem, das Roger Bruns so beschreibt:

> *Selbst als Ben mit Emma durch den Westen reiste, ihr Manager tagsüber, ihr Bettgenosse nachts, geriet seine Jagd nach dem anderen Geschlecht nicht ins Stocken. Mit einer Lässigkeit, wie andere Männer eine Schachtel Zigaretten erwerben, zog er Frauen an Land. Ja, die Zeit, die die meisten Männer mit einer Packung Zigaretten verbringen, währte gewöhnlich länger als Bens Beziehungen zu den meisten Frauen.*

Das änderte sich auch nicht, nachdem Ben seine Zelte in Chicago abgebrochen hatte und nach New York gezogen war. Er mietete ein kleines Zimmer, wohnte also nicht in Emmas Wohnung, East Thirteenth Street Nummer 210, einem berühmten Anarchistentreff. Die Tatsache, daß die beiden nicht unter einem Dach lebten, machte es Ben um so leichter, nach Herzenslust Frauen aufzureißen. Noch immer merkte Emma nichts. Erst durch einen geständigen Brief Reitmans erfuhr sie von seinen Eskapaden. In demselben Brief gab er auch zu, daß seine Abrechnungen aus den Einnahmen von *Mother Earth* durchwegs manipuliert waren, da er immerzu für sich und seine Mutter Geld entnommen habe.

Den regelmäßigen Griff in die Kasse konnte Emma verzeihen – sich auf alle möglichen Arten Geld zu beschaffen, wenn Not am Mann war, lag diesen Hobos wohl im Blut –, aber daß er sie von Anfang an betrogen hatte, verletzte sie zutiefst. Es gab böse Auseinandersetzungen, bei denen Ben leichtes Spiel hatte, brauchte er doch nur auf Emmas Schriften über die freie Liebe zu verweisen. Emma blieb lediglich das schwache Argument, sie könne gegen ihre Eifersucht nicht an.

Es besteht kein Zweifel, daß »Hobo«, wie sie ihn nannte, trotz allem seine »Mommy«, wie er sie nannte, liebte. Um bei ihr sein zu können, war er bereit gewesen, einen hohen Preis zu zahlen: Er hatte Chicago, der einzigen Stadt, in der er sich zu Hause fühlte, und seiner abgöttisch geliebten Mutter den Rücken gekehrt. Hinzu kam, daß er sich erstmals in seinem Leben einer Front der Ablehnung gegenübergestellt sah; Emmas Freunde mochten ihn nicht. Waren diese auch eingefleischte Individualisten, so blieben sie doch durchwegs kultivierte, gebildete Menschen und fanden Reitmans laute, polternde Art, seine vulgäre Sprache und grauenhaften Tischmanieren, sein ungepflegtes Äußeres und seine oft peinlichen Witze ziemlich abstoßend. Vor allem Alexander Berkman machte aus seiner Abneigung kein Hehl. In Emmas Freundeskreis herrschte die Meinung vor, sie sei Reitman sexuell hörig; keine falsche Vermutung, wenn man den posthum veröffentlichten Briefwechsel der beiden liest, aus dem man erfährt, daß sie sogar erwogen hatten, nach Australien, für eine Zeitlang wenigstens, auszuwandern, um sich »ganz allein« zu gehören. Sie ließen den Plan erst fallen, als ihnen klar wurde, daß Emma bei der Rückkehr nicht mehr in die Vereinigten Staaten eingelassen werden würde.

Inzwischen hatte landesweit eine Anarchistenhetze eingesetzt, gegen die die Kommunistenverfolgungen der künftigen McCarthy-Ära sich nachgerade harmlos ausnehmen sollten. Ein Gesetz, wonach Anarchisten die Einreise verboten war, existierte bereits. Der Ton der schon damals überwiegend reaktionären Presse wurde noch schärfer. Obwohl längst nachgewiesen war, daß Emma Goldman nicht das geringste mit dem Attentat auf McKinley zu tun hatte, wurde sie weiterhin mit dem Präsidentenmord in Verbindung gebracht. Anarchisten, suggerierten die Zeitungsschreiberlinge, waren Mörder und Brandstifter, die nichts anderes im Schilde führten, als die Regierung in Washington auszulöschen, um danach die Nation Hobos und sonstigen Kriminellen zu überantworten.

Die Hysterie ist schwer verständlich, da die anarchistische Bewegung in den USA ihre Glanzzeit bereits hinter sich hatte. Aber noch immer wirkte ein Ereignis nach, das ein Vierteljahrhundert zurücklag: Während einer Arbeiterkundgebung am 4. Mai 1886 auf dem Haymarket Square in Chicago wurde eine Bombe in eine Gruppe Polizisten geworfen, worauf die Polizei wahllos in die Menge schoß. Auf beiden Seiten gab es Tote und Verletzte. Sieben Arbeiterführer, die zum Teil bekennende Anarchisten waren, wurden zum Tode verurteilt, obwohl keinem einzigen eine Beteiligung an dem Anschlag nachgewiesen werden konnte. Zwei der Verurteilten wurden zu lebenslänglicher Haft begnadigt, einer nahm sich in seiner Zelle das Leben, vier wurden hingerichtet. Dieser Skandal brachte nicht etwa die Justiz in Verruf, sondern den Anarchismus. Für Emma Goldman, die damals schon in Amerika lebte, war dieses schreiende Unrecht allerdings so etwas wie ein politisches Damaskus gewesen. Sie beschloß, den Kampf gegen Justizwillkür, Ausbeutung, Armut und Unterdrückung aufzunehmen.

Die anarchistische Bewegung, die sich ohnehin nie einer großen Anhängerschaft erfreute, hatte, wie gesagt, zu Anfang des 20. Jahrhunderts an Bedeutung verloren. Auf der anderen Seite erstarkte die Arbeiterbewegung. Drei Jahre nach ihrer Gründung spaltete sich die IWW. Die autoritär geführten »Doktrinäre« mit ihrer Zentrale in Detroit hatten ihren Einfluß bald verspielt, während die »Anarcho-Syndikalisten«, die Wobblies um William Haywood, ihre Macht ausbauen konnten. Haywood wollte keine auf bestimmte Berufszweige beschränkte Gewerkschaft, sondern einen übergreifenden Dachverband, dem auch die Hobos angehören sollten. Dieses zweite Ziel ist ihm teilweise geglückt. Die bereits existierenden Gewerkschaften schlossen sich seiner Organisation nicht an, dennoch gelang es ihm, die Mitgliederzahl ständig zu erhöhen und eine Reihe wirkungsvoller Streiks zu organisieren. Schon sahen die Großindustriellen den Kapitalismus, das System in Gefahr. Der IWW, zu der die praktischerweise sowieso schon kriminalisierten Hobos und Anarchisten gehörten – diesem ganzen Gesindel mußte man schleunigst den Garaus machen, wollte man verhindern, daß noch mehr Präsidenten umgenietet werden und das Land im Chaos versinkt.

Was die Politiker und Arbeitgeber mehr als gelegentliche Streiks beunruhigte, waren Haywoods »free speech fights«, also das dreiste Bestehen auf das verbriefte Recht der freien Meinungsäußerung. Es gab in den USA bald keinen Ort mehr, in dem Anarchisten, Sozialisten, Kommunisten und Seifenkistenrednern dieses Recht zugestanden wurde. Emma Goldman und Ben Reitman konnten ein Lied davon singen. Nachdem sie bei einer Vortragsreise durch die Staaten immer häufiger mit Redeverbot belegt worden waren, zogen sie im Oktober 1909 in Philadelphia, der »Wiege der Freiheit«, vor Gericht, um ihr Recht einzufordern. Wie nicht anders zu erwarten, wurde Emma verboten, öffentlich aufzutreten, dafür hatte sie die gerichtliche Bestätigung der Richtigkeit ihres Vorwurfs, daß das First Amendment nur auf dem Papier existierte.

Wieder in New York, mußte Ben sich erst einmal Luft machen; er organisierte eine ausgelassene Hoboparty, die in einem Saal am Broadway stattfand und die ganze Nacht währte. Solche Partys hatte er in Chicago und auch New York schon öfter gegeben, doch diesmal durch die Anwesenheit einiger Prominenz aufgewertet. Der renommierte Journalist und Buchautor Hutchins Hapgood verlas einen Brief von Alexander Berkman, der stadtbekannte tschechische Dandy und Bohemien Hippolyte Havel, der, »der auf deutsch dachte, englisch sprach, böhmisch fluchte und in allen Sprachen trank« (Reitman), hielt eine Rede, in der er Adam, Eva und Jesus als frühe Outcasts bezeichnete, Hobos und Tramps berichteten von Erfahrungen als Saisonarbeiter und Bettler, Emma Goldman unterhielt die Gäste mit einer kurzen, amüsanten Ansprache. Auch Vertreter der feineren Kreise hatten sich eingefunden, die ihre exotischsten Mitbürger in Augenschein nehmen wollten. Selbstverständlich hatte der öffentlichkeitssüchtige Reitman dafür gesorgt, daß mehr als genug Presseleute anwesend waren.

Nach dieser fröhlichen Nacht ging es wieder an die Arbeit. Emmas vordringlichstes Anliegen war inzwischen, ihren Feldzug für die Redefreiheit fortzusetzen. Ihr nächstes Schlachtfeld sollte San Diego im Süden Kaliforniens sein. Das kam zu diesem Zeitpunkt – Frühjahr 1912 – einem Besuch in der Höhle des Löwen gleich. In diese (bis heute) erzkonservative Stadt waren die Wobblies eingedrungen, in ihrem Schlepptau ungezählte Hobos, für deren Rechte »Big« Bill Haywood nun etwas tun wollte. Als Befürworter der »direkten Aktion«, ein Euphemismus für Sabotage, hatte er die gereimte Parole ausgegeben: »Onward, Christian soldiers, rip, tear and smite! / Let the gentle Jesus bless your dynamite!« (Auf, ihr christlichen Soldaten, schlitzt auf, zerstört, schlagt zu! / Möge der sanfte Jesus euer Dynamit segnen!) Das war weniger eine Aufforderung zur Gewalt als ein Beispiel typischer IWW-Rhetorik, was auch der Bürgermeister und seine Mannen wußten. Dennoch kabelten sie nach Washington und baten um militärische Hilfe, sonst würde San Diego über kurz oder lang in Flammen aufgehen. Der Justizminister und Präsident Taft hielten diese düstere Vision für übertrieben und taten nichts.

Wer das sofort ausgesprochene Rede- und Versammlungsverbot mißachtete, wurde ins Gefängnis geworfen, eine Maßnahme, die die Stadtoberen bald bereuten. Von überall her strömten Hobos in Güterzügen herbei, hielten Reden, organisierten Versammlungen, so daß binnen weniger Tage kein Platz mehr in den Gefängnissen war. Das Muster war nicht neu, derlei hatte es 1909 in Montana und ein Jahr später in Spokane, Washington, gegeben, wie Bruns berichtet. In Spokane wurde ein Wobblie zu dreißig Tagen Gefängnis verurteilt, weil er öffentlich die Unabhängigkeitserklärung verlesen hatte. Andere Wobblies pferchte man in Zellen, in die heißer Dampf geleitet wurde, um die Gefangenen dann in präparierten Zellen eiskalten Temperaturen auszusetzen. Nicht alle haben diese Torturen überlebt.

Es zeugt von einer gewissen Naivität, daß Emma und Ben allen Ernstes glaubten, ausgerechnet zu diesem Zeitpunkt in San Diego eine Lanze für die Redefreiheit brechen zu können. Natürlich war es bereits beschlossene

Sache, daß öffentliche Auftritte der beiden Anarchisten unterbunden würden. Nur wie, das war noch die Frage.

Wenigstens hatte in Philadelphia ein Gericht entschieden. Im rauhen Westen war man weniger kleinlich. Hier gab es Vigilanten, Männer, die Kriminelle oder solche, die sie dafür hielten, selbst aburteilten und nicht selten töteten. Aus den Vigilanten erwuchs in den Südstaaten der Ku-Klux-Klan. Wo auch immer, diese staatlich tolerierten Mördercliquen bestanden aus weißen Männern, meist der Mittel- und Oberschicht und christlichen Glaubensgemeinschaften angehörend.

Emma und Ben stiegen in einem Hotel ab. Laut Bruns wurde Emma gegen halb elf Uhr nachts abgeholt, der Polizeipräsident wünsche sie zu sprechen. Dann drangen sechs bewaffnete Männer in Bens Zimmer und zwangen ihn, mitzukommen. Sie stießen ihn in ein Auto und fuhren, gefolgt von einem zweiten Wagen, in die kalifornische Wüste, dreißig Kilometer außerhalb der Stadt. Am Ziel angelangt, zerrten die Vigilantes Ben aus dem Auto, rissen ihn am Haar und stachen ihre Finger in seine Augen. Einer raunte ihm zu: »Wir könnten dich umbringen und dir die Gedärme rausreißen, und niemand würde erfahren, wer's getan hat, aber wir mußten dem Polizeichef versprechen, dich nicht zu töten.« Sie durften ihn jedoch ausziehen, ihm Bleistifte in die Nasenlöcher stekken, ihm Müll in den Mund stopfen und ihn zusammenschlagen, als er sich weigerte, die amerikanische Flagge zu küssen. Später schrieb er:

Als ich nackt auf der Erde lag, traten und schlugen mich meine Schinder, bis ich fast nichts mehr spürte. Mit einer brennenden Zigarre brannten sie IWW auf meinen Hintern; dann gossen sie mir einen Kübel Teer über den Kopf und den Körper, und aus Mangel an Federn rieben sie Beifuß auf meinen Körper. Ein sehr höflicher Geschäftsmann, der in der Kirche aktiv ist, versuchte, mir meinen Spazierstock in mein Rektum zu rammen. Ein bescheidener Banker verdrehte meine Hoden. Als sie genug Spaß gehabt hatten, gaben sie mir meine Unterwäsche zurück, aus Furcht, ich könne Frauen begegnen. Diese respektablen Bürger nehmen jede Rücksicht auf Frauen. Sie gaben mir auch meine Weste zurück. Meine übrigen Kleider behielten sie ein. Die vierzehn Vigilanten stellten sich in einer Reihe auf, und ich mußte ein Spießrutenlaufen über mich ergehen lassen.

Ben Reitman hat nicht einmal Anzeige erstattet, da er wußte, wie der Prozeß ausgehen würde.

Ein Jahr später waren Emma und Ben erneut in San Diego, wurden aber, als sie dem Zug entstiegen, sofort verhaftet – zu ihrem eigenen Schutz, wie der Polizeichef versicherte. Da hatte er nicht unrecht. Die Vigilanten waren informiert und fest entschlossen, die beiden Anarchisten zu lynchen. Die Nacht verbrachten die beiden im Gefängnis, am nächsten Tag wurden sie unter großem Polizeiaufgebot zum Bahnhof eskortiert.

Fast zeitgleich wurden die Bergwerke im südlichen Colorado bestreikt, wobei es lediglich darum ging, das durchzusetzen, was in diesem Staat bereits Gesetzeskraft hatte: den Acht-Stunden-Tag und das Existenzrecht der Gewerkschaften. Aber niemand dachte auch nur daran, die Gesetze zu verwirklichen, um den Interessen der Minengesellschaften, deren größte John D. Rockefeller, Jr., gehörte, nicht entgegenzuwirken. Die Kumpels, die für Hungerlöhne unter unglaublichen Arbeitsbedingungen sich buchstäblich zu Tode schufteten, pochten also nur auf ihr Recht. Rockefeller forderte Soldaten an, und seinem Wunsch wurde entsprochen. Nachdem die Soldaten in Ludlow ein Blutbad angerichtet hatten – dreißig Tote –, zündeten sie mit Fackeln die Zelte der Bergarbeiterfamilien an, in denen Frauen und Kinder Zuflucht gesucht hatten.

Emma Goldman, Ben Reitman, Wobblies und Hobos sorgten dafür, daß die Ortschaft Ludlow in den Schlagzeilen blieb. Sie alle waren kurz nach dem Massaker zur Stelle. Wie üblich wurden die Mitglieder der IWW und Hobos auf der Stelle inhaftiert, und nach dem bekannten Muster trafen täglich zu Hunderten neue Unruhestifter ein, bis kein Platz mehr in den Gefängnissen war. Der Bürgermeister und der Polizeichef waren nahe daran, zu verzweifeln. Für Ben Reitman, schreibt Bruns, sei das eine goldene Gelegenheit gewesen: »Schon immer überzeugt, in delikaten Situationen als Retter auftreten zu können, machte er dem Bürgermeister bald diplomatische Avancen.« Würde er weitere Unruhen verhindern, bot ihm der Bürgermeister an, dürfe er alle Gefangenen aus der Haft führen. Die aber wollten zunächst nicht. »Zur Hölle mit dir, zur Hölle mit dem Bürgermeister«, riefen sie ihm entgegen. »Lieber verschimmeln wir im Knast, ehe wir uns eine Revolution verbieten lassen!« Wieder siegte Bens Überredungskunst. Bald zogen die freigelassenen Wobblies und Hobos durch den Ort und sangen Kampflieder, angeführt von dem Spazierstock schwingenden »König der Hobos«.

Die blutigen Ereignisse in Ludlow zogen mehrere Prozesse nach sich. Bestraft wurden natürlich nicht die Minenbesitzer und Soldaten und die, die sie auf den Weg geschickt hatten, sondern die Initiatoren des Streiks.

Emma Goldman wandte sich nun einem neuen Thema zu, über das auch Ben in Chicago oft genug referiert hatte: Geburtenkontrolle. Beide waren überzeugt, daß Kindersegen das Elend der Armen nur verschlimmere. Ein harmloses Thema, sollte man denken; nicht so im freiheitsliebenden Amerika. Allein die öffentliche Nennung dieses Begriffs war strafbar. Ein Gesetz, das die rechtsradikalen Christen – es gab sie damals schon – Ende des 19. Jahrhunderts durchgesetzt hatten. Die Begründung: wer über Geburtenkontrolle spricht, kommt nicht umhin, Präservative zu erwähnen, Präservative werden von Prostituierten benutzt, also ist Geburtenkontrolle obszön, familienfeindlich und unamerikanisch. In Wirklichkeit ging es einzig darum, die Unterklasse in ihrer Not zu belassen, denn je schlechter es ihr ging, desto leichter war sie manipulierbar, desto leichter konnte sie vom Großkapital ausgebeutet werden. Präsident Theodore Roosevelt bezeichnete Frauen, die kinderlos bleiben wollten oder Kleinfamilien bevorzugten, als Kriminelle.

Ben war Arzt, Emma ausgebildete Krankenschwester und Hebamme, beide wußten also, worüber sie sprachen und schrieben, wenn sie sich zur Geburtenkontrolle äußerten und nicht nur die sozialen Aspekte der Familienplanung beleuchteten, sondern auch praktische Ratschläge gaben. Sie hielten zusammen und getrennt in vielen Städten Vorträge, veröffentlichten Artikel in *Mother Earth* und brachten Broschüren und Flugblätter zum Thema in Umlauf. Es kam, wie es kommen mußte. Emma wurde nach einer Rede verhaftet und wahlweise zu einer Geldstrafe von 100 Dollar oder fünfzehn Tagen Gefängnis verurteilt; sie entschied sich für letzteres. Wenig später mußte sich auch Ben vor Gericht verantworten; seine Strafe: sechzig Tage Freiheitsentzug im Long-Island-Gefängnis.

Beide nutzten die Zeit, um neue Kampagnen zur Geburtenkontrolle vorzubereiten. Bens Arbeit erfuhr allerdings häufige Unterbrechungen durch die Besuche einer Frau, der Suffragette Anna Martindale. Zur Welt gekommen war sie 1884 in Bradford, England. Die Eltern waren bettelarme Juden, und Anna mußte bereits als kleines Kind in einer Strumpfwarenfabrik arbeiten, um die Familie zu unterstützen. 1911 oder 1912 wanderte sie zusammen mit ihrer Schwester nach Amerika aus, wo sie sich bald der Arbeiterbewegung anschloß. Ben Reitman lernte sie pikanterweise in der Redaktion von *Mother Earth* kennen. Bald danach bauten sie eine dauerhafte Beziehung auf, was Emma nicht verborgen blieb, trotz Bens Beteuerung, Anna bedeute ihm nichts.

In mancher Hinsicht war Anna Martindale das Gegenteil von Emma Goldman: introvertiert, ihrem untreuen Liebhaber treu ergeben und der Ansicht, daß ein gemeinsames Kind die wahre Erfüllung der Liebe sei. Was Bens Hinwendung zu Anna beschleunigte, war ihre Bereitschaft, ihm nach Chicago zu folgen. Seit einiger Zeit hatte Ben eine endgültige Rückkehr erwogen. Ohne Emma wäre er keine Woche in New York geblieben, wo er sich nie zu Hause fühlte, was auch daran lag, daß die Anarchisten ihn fast durch die Bank ablehnten. Er wurde geduldet, wegen Emma, und als genialer PR-Mann und Reklametrommler gebraucht, aber nie akzeptiert. Hinzu kam noch etwas anderes: Obwohl er in vielen Dingen mit Emma und ihrem Kreis einer Meinung war, hat er sich nie als Anarchist gefühlt. Er sei Reformer, hat er mehr als einmal betont.

»Ich habe Chicago immer für meine Heimat gehalten und den einzigen Ort, wo ich zur Ruhe kommen könnte«, schrieb er in seiner Autobiografie. »Ich fing an, von einem

Heim mit meiner Mutter, meiner Frau und einem Baby und einer ständigen Praxis zu träumen. Ich sah mich als Dozent am medizinischen College, als aktiver Reformer der Outcasts und aktiver Arbeiter in der Kirche.« – Reitman war von Jugend an gläubiger Christ, er führte bei seinen Hobotrips stets eine Bibel mit sich, hatte in Sonntagsschulen unterrichtet und Emma, einer glühenden Atheistin, vorgeworfen, ihn vom Pfad des rechten Glaubens abgedrängt zu haben. – »Als ich im Juli 1916 aus dem Long-Island-Gefängnis entlassen wurde, beschlossen Anna Martindale und ich, uns so bald wie möglich zusammenzutun.« Vorher aber mußte Ben noch einmal ins Gefängnis. In Cleveland, Ohio, wurde er zu einem halben Jahr Freiheitsentzug und 1000 Dollar Geldstrafe verurteilt, weil er Broschüren über Geburtenkontrolle verkauft und verteilt hatte. Sein Schlußwort schnitt der Richter mit der Bemerkung ab, er habe genug von dieser »Schmutzpropaganda«.

Anfang 1917 kehrte Ben Reitman mit Anna Martindale nach Chicago zurück – mit »Gefühlen des Schmerzes, des Bedauerns, der Hoffnung, Freude und Ungewißheit«.

Selbst wenn Ben sich nicht in Anna verliebt hätte, wären die Tage der Zweisamkeit mit Emma gezählt gewesen. Im April 1917 traten die USA in den Krieg gegen Deutschland ein. Eine Welle des Patriotismus überflutete Amerika, jeder, der nicht auf dieser Welle mitschwamm, wurde als Landesverräter betrachtet. Niemand durfte es wagen, sich gegen den Krieg auszusprechen. Die einzigen, die das ungeniert und in aller Öffentlichkeit taten, waren Mitglieder der IWW. Nun konnten Großkapital, Justiz und die Regierung endlich zum Vernichtungsschlag gegen die verhaßte Gewerkschaft ausholen. Zunächst wurde das

Gerücht ausgestreut, die IWW werde von Deutschland finanziert, ein prächtiger Vorwand, zahlreiche Haussuchungen und Beschlagnahmen durchzuführen. Da das nichts brachte, hieß es nun, die von der IWW angezettelten Streiks würden die Industrie lahmlegen und dadurch die Kriegsführung sabotieren. 116 IWW-Funktionäre wurden verhaftet und wegen Verschwörung und Landesverrats angeklagt. Die meisten wurden zu Kerkerstrafen von einem bis zu zwanzig Jahren verurteilt. »Das ganze Verbrechen der Verurteilten«, schreibt Augustin Souchy,

> *bestand darin, die gerechten Forderungen der Arbeiterschaft durch einen organisierten Kampf verteidigt zu haben. Beweise für die Schuld der Angeklagten wurden nicht beigebracht. Man wollte mißliebigen Elementen zu Leibe rücken, und um dies zu erreichen, scheute man nicht vor Verletzung von Gesetzesparagraphen zurück.*

Das war milde ausgedrückt. Eine Gesinnungsschnüffelei ohnegleichen bestimmte den Alltag aller Bürger, Deutsch als Unterrichtsfach wurde abgeschafft, deutsche Bücher wurden öffentlich verbrannt, deutschstämmige Einwanderer sahen sich Repressalien ausgesetzt. Wer außerhalb seiner vier Wände den geringsten Zweifel an der Sinnhaftigkeit des Kriegseintritts äußerste, verlor seinen Job und durfte froh sein, wenn er nicht auch noch vor Gericht gezerrt wurde. In Indiana wurde ein Arbeiter gelyncht, weil er sich geweigert hatte, eine Kriegsanleihe zu kaufen. Im Land herrschte eine Inquisitionsatmosphäre wie später nur noch in der McCarthy-Ära und nach dem zweiten Irak-Krieg, in dessen Folge demokratische Gesetze abgeschafft wurden, während man sich 1917 mit der Verabschiedung undemokratischer Gesetze begnügte, wie des »Espionage Act«, der derart schwammig formuliert war, daß praktisch jeder angeklagt und weggesperrt werden konnte. Der Sinn des Gesetzes war, sich aller Bolschewisten, Anarchisten, Linken und jener, die man dafür hielt und die nicht die amerikanische Staatsbürgerschaft besaßen, zu entledigen. Bei der Jagd auf Linke tat sich niemand eifriger hervor als John Edgar Hoover, der später fast ein halbes Jahrhundert lang Leiter der CIA und einer der übelsten Figuren der amerikanischen Geschichte war. Er hatte sich persönlich des Falles Emma Goldman angenommen, was bedeutete, daß der Ausgang des Verfahrens von vornherein feststand.

Am 21. Dezember 1918 wurden 250 Radikale, unter ihnen Emma Goldman und Alexander Berkman, auf ein Frachtschiff der Armee getrieben und nach Rußland deportiert.

Kaum in Chicago angekommen, eröffnete Reitman eine Praxis in jenem »verrufenen« Viertel, das ihm gut vertraut war, so daß er nicht lange auf Patienten warten mußte. Diese Patienten waren ihm zwar lieb und teuer, doch leider konnten ihn nur die wenigsten für seine Bemühungen entlohnen. Also bat er das städtische Gesundheitsamt um einen Job. Wider Erwarten wurde er angestellt, und er arbeitete in den Armenvierteln der Stadt, deren Bewohnern er Schutzimpfungen gegen Pocken verabreichte.

Im Februar 1918 hatte Anna Martindale ihren gemeinsam Sohn Brutus zur Welt gebracht. Ben lebte mit Anna zusammen, er nannte sie seine Frau, doch hatten sie nie standesamtlich oder kirchlich geheiratet. Anna, ein Wunder an Geduld und Nachsicht, war bereits in New York klar gewesen, daß ihr Ben von Treue nichts hielt. Klaglos nahm sie seine Affären hin, von denen sie nur einen Bruchteil mitbekommen haben dürfte.

Man konnte gegen Ben Reitman haben, was man wollte, sein enormer Fleiß war unbestritten. Er betrieb eine Arztpraxis, arbeitete für das Gesundheitsamt, schrieb Artikel, fand Zeit für Legionen schmachtender Frauen und kümmerte sich nun auch tatkräftig um das Hobo College. Ein erstes hatte er ja schon gegründet, das durch die Begegnung mit Emma Goldman ein jähes Ende fand – sehr zum Bedauern des Millionärshobos James Eads How. Der hatte nach Reitmans Umzug nach New York zwei prominente Sozialisten beauftragt, ein neues College zu gründen, was 1913 auch verwirklicht wurde. Richtig in Schwung kam dieses Institut jedoch erst, als Ben Reitman nach seiner Rückkehr das Heft in die Hand nahm. Unermüdlich sammelte er Geld, überredete Professoren der lokalen Universität und sonstige Experten, Vorträge zu halten oder Kurse durchzuführen. Überdies sorgte er dafür, daß die Veranstaltungen auch gut besucht wurden. Er war die Brücke zwischen den Hobos und den akademischen Kreisen, wobei er es glänzend verstand, beide Seiten zu motivieren.

Roger A. Bruns schildert seine Aktivitäten so:

Wieder in Chicago, wurde Ben erneut eine der führenden Persönlichkeiten in Hobohemia und die führende Persönlichkeit im College. Der allgegenwärtige Hoboarzt war die treibende Kraft des College, ging die Theater um Eintrittskarten und Geschäfte um Kleidung und Nahrungsmittel an, sammelte bei den Männern Nickel und Dimes für die Miete, sorgte für Artikel in der Presse und hielt Vorträge.

Und er fährt fort:

> *An einem typischen Abend drängte sich Ben durch die dichte Zuhörermenge, tauschte Witzchen mit seinen Genossen aus. Ein Kunststudent erinnerte sich seiner majestätischen Heruntergekommenheit, herausgeputzt in einem zerbeulten, grauen Anzug, das Haar über die Ohren bis zum Kragen hängend und mit einem ungepflegten Schnurrbart à la Buffalo Bill, was ihm das Aussehen eines altmodischen Profigamblers verlieh. »Aber er hatte etwas«, fuhr der Student fort, »das von seinem Glauben an die Bruderschaft aller Menschen zeugte.«*

Der Doc sammelte Geld. Laut Bruns brauchte er zwanzig Dollar für den Hauswirt, und sein Anliegen provozierte die üblichen Buhrufe.

> *Eine Abwaschschüssel in der Hand, bahnte er sich seinen Weg durch die Menge, ermahnte die Männer, ein paar Münzen rauszurücken. »Ich habe es satt, eure häßlichen Visagen anzusehen«, dröhnte er. »Ich bin drauf und dran, nach Europa auszuwandern.« Er erinnerte sie daran, daß im College kostenlose Rasierapparate, Mahlzeiten und Betten zur Verfügung stehen. Dreimal mußte er seine Runde durchs Publikum drehen, ehe er das notwendige Geld beisammen hatte.*

Während der Wintermonate war das College jeden Abend geöffnet. Erstaunlich war die thematische Vielfalt der angebotenen Vorträge und Kurse: Philosophie, Psychiatrie, Soziologie, Medizin, Literatur, Kriminologie, Strafrecht, Wirtschaftswissenschaften und praktische Übungen in

Rhetorik. Für das Thema Finanzwesen wurde der beste Experte gewonnen, den Chicago zu bieten hatte: Hochstapler und Meisterbetrüger Joseph »Yellow Kid« Weil. Jede Veranstaltung endete mit einer ausführlichen Diskussionsrunde. Soziologen der Universität von Chicago zeigten lebhaftes Interesse an dem College. Hier boten sich Studienobjekte, wie man sie in so geballter Mannigfaltigkeit nirgends sonst fand. Die Professoren führten nicht nur ausführliche Gespräche mit den Hobos, von denen nicht wenige einen Studienabschluß besaßen, sondern luden auch den einen oder anderen ein, eine Gastvorlesung vor ihren Studenten zu halten.

Weniger erfreulich war, daß das College pausenlos umzuziehen gezwungen war, weil der jeweilige Vermieter kündigte, Nachbarn sich beschwerten oder die Feuerpolizei Schwierigkeiten machte. Doch aller Ärger war vergessen, als Ben Reitman 1924 ein Hotel geschenkt bekam. Solche Glücksfälle haben eine Vorgeschichte, und die sei kurz skizziert.

Ben Reitman hatte die Fähigkeit, mit Menschen aller Schichten und Berufsgruppen Freundschaft zu schließen – außer mit Anarchisten offenbar. Er war bei Hobos und Tramps gern gesehen, bei der Polizei und Lokalpolitikern, bei Professoren, Künstlern und Prostituierten. Und bei Gangstern, deren es in Chicago damals mehr als reichlich gab. Mit Al Capone war er vielleicht nicht gerade befreundet, aber die beiden Männer kannten sich. Immerhin arbeitete Reitman für ihn – als Arzt für Geschlechtskrankheiten untersuchte er regelmäßig die weiblichen Angestellten der von Capone kontrollierten Puffs, die dem übelsten und mächtigsten Zuhälter der Südseite der Stadt unterstanden: Mike »de Pike« Heitler. Die Nordseite beherrschte Capones größter Rivale, Johnny Torrio, gefolgt von

George »Bugs« Moran, der, wie sein Kollege, hektoliterweise illegalen Alkohol importierte, Speakeasys (während der Prohibitionszeit illegale »Flüsterkneipen«, in die man durch ein geheimes Klopfzeichen gelangte und in denen Alkohol ausgeschenkt wurde) und Spielhöllen unterhielt und jede Menge Bordelle, die der zweitübelste Zuhälter der Stadt kontrollierte: Jack Zuta. Bugs Moran und Al Capone mochten es nicht, wenn ihre Mitarbeiter Verbindungen zur Gegenseite unterhielten. Nur in einem Fall schienen sie eine Ausnahme zu machen – beide hatten nichts gegen Ben Reitman und sein venerisches Wirken.

Die rivalisierenden Mafiabanden hatten von Bürgermeister William Hale Thompson nichts zu befürchten – im Gegenteil. »Big Bill« Thompson beherrschte seit 1916 die Stadt; er war der korrupteste Bürgermeister, den Chicago je hatte, und das will was heißen. Vier Jahre später wurde er erneut gewählt. Zu Beginn seiner zweiten Amtsperiode trat das Prohibitionsgesetz in Kraft, was der Mafia ungeheuren Auftrieb gab und ihre Popularität begründete. Was der Staat dem Bürger nahm, das Bier am Feierabend, gab ihm die Mafia wieder.

Die nächste Bürgermeisterwahl gewann William E. Dever, der versprochen hatte, sämtliche Speakeasys und den Mafiasumpf trockenzulegen, was ihm nicht so recht gelang. Während der Thompson-Jahre hatten sich die Gangster wenigstens schön brav zu Hause gegenseitig umgebracht, jetzt aber waren Straßenkriege an der Tagesordnung, in deren Schußfeld immer öfter Polizisten und unschuldige Passanten gerieten.

Dann doch lieber wieder den korrupten Thompson, der Dever bei der nächsten Wahl ablöste, ein leichter Sieg, da er versprochen hatte, das Prohibitionsgesetz schlichtweg zu mißachten. »Wenn ich gewählt werde«, tönte er,

»werden wir nicht nur alle Kneipen, die diese Typen geschlossen haben, wiedereröffnen, sondern zehntausend neue aufmachen.« Das kam gut an, und Dever mußte in Pension gehen.

Während der vier Dever-Jahre zogen die Mafiagangs nach Cicero, einem Vorort Chicagos, wo sie ungestört operieren konnten. Die Geschäfte in Chicago liefen nicht mehr so recht, vor allem was Prostitution und Glücksspiel anbelangte. Eines der beliebtesten Bordelle war das Granville, vormals ein elegantes Hotel, in dem es nun auch ein Spielkasino und jede Menge Drogen und Alkohol gab. Besonders auf dieses sündige Etablissement hatte es der neue Bürgermeister abgesehen – mindestens jeden zweiten Tag ließ er dort eine Razzia durchführen. Nicht genug damit, vor dem Eingang wurden bald Polizisten postiert, die den wohlhabenden Besuchern den Eintritt verwehrten.

Als Dr. Reitman im Spätherbst 1924 das ehemalige Hotel betrat, um die gut vierzig festangestellten Damen mal wieder einer Untersuchung zu unterziehen, fand er in der Lobby eine traurige Gruppe vor – die Betreiber des Bordells saßen in den großen Sesseln und spannen ihre Klagsal ab. Wie schlecht es um die Geschäfte bestellt war, hatte Ben bereits von Mike Heitler und Jack Zuta erfahren. Reitman nahm in der deprimierten Runde Platz, und es wurde ihm bedeutet, daß er seines Amtes nicht mehr zu walten brauche. Mit dem Granville sei es aus und vorbei. Dann wandte sich einer der Männer mit den Worten an Reitman: »Doc, wollen Sie nicht ein gutes Hotel? Ich schenke es Ihnen!« Ben brauchte eine Weile, ehe er merkte, daß der Vorschlag durchaus ernst gemeint war. Ob er mit dem Hotel etwas anfangen könne? Sofort dachte Ben an die Obdachlosen, die in Heimen zusammengepfercht den stets grausam kalten Winter Chicagos zu überdauern suchten oder in zugigen Hauseingängen erfroren. Er erzählte den Puffmanagern, welch ein Segen das Hotel für verzweifelte Hobos, Tramps und Bums wäre. Allerdings wisse er nicht, wie und wovon die Unterhaltskosten zu bestreiten seien. Da solle er sich mal keine Sorgen machen, beschied ihm das Direktorium, alle anfallenden Ausgaben werde die Mafia übernehmen, inklusive Personal und Mahlzeiten für die Hobos. Ganz selbstlos sei die Aktion nicht, gaben die Herren zu; es könne keinesfalls schaden, verwiesen sie bei den anstehenden Prozessen auf ihr karitatives Wirken.

Sofort hatte Ben einen Namen für das umfunktionierte Hotel: »Gottes Königreich für Hobos«. Bereits am folgenden Tag ließ Reitman die frohe Botschaft verbreiten. In den Flophouses und Missionsstationen, im Hobo College und auf der Straße verbreitete sich die Nachricht wie ein Lauffeuer. Als wenige Stunden später die ersten hundert Hobos das Hotel betraten, saßen die Manager immer noch oder schon wieder in der Lobby und klagten über die schweren Zeiten. Ein wenig erstaunt ob der raschen Übernahme, gaben sie einigen Hobos Geld und beauftragten sie, in den Lebensmittelgeschäften der Nachbarschaft reichlich einzukaufen. Als Reitman eintraf, war die Eröffnungsparty in vollem Gang.

Am Ende des Festes sangen alle die Hobohymne »Hallelujah, I'm a Bum«, dann wurden die Hobos zu ihren Zimmern geleitet. »Old Dad« Spears, berichtet Bruns, war von so viel Luxus geradezu eingeschüchtert. Spears, der schon seit Jahren nicht mehr in einem Bett geschlafen und seine Kleidung gewechselt hatte, rollte sich in den Teppich ein, weil er die schöne Bettwäsche nicht verschmutzen wollte.

Die Hobos wohnten umsonst im Granville, erhielten

ein Gratisfrühstück und -abendessen, nur saubermachen mußten sie selbst.

Reitman verlegte das Hobo College ins Granville. Unter den Zuhörern waren nun auch Prostituierte und Zuhälter. Doch schon nach einigen Wochen waren die Tage des »Kingdoms« gezählt. Das Granville lag in einem von Schwarzen bevölkerten Viertel, und die Bewohner wollten den »weißen Abschaum« in ihrer Nähe nicht dulden. Sie riefen die Polizei, reichten Beschwerden ein, leiteten eine Reihe Prozesse in die Wege. Auch die Kirche, schon immer Anwalt der Armen und Benachteiligten, setzte sich mit aller Macht für das Verschwinden des einzigen menschenwürdigen Obdachlosenheims Chicagos ein. Es kam zu einem Prozeß, der mit dem Urteil endete, das Heim müsse geschlossen werden, da es »ordnungswidrig« sei, was es wohl zu Puffzeiten nicht gewesen war.

Ende der zwanziger Jahre durchquerte der seinerzeit vielgelesene Erzähler und Reiseschriftsteller Heinrich Hauser (1901–1955) per Auto die USA. Frucht dieser Reise war sein Buch *Feldwege nach Chicago*. Darin enthalten ist der einzige deutschsprachige Bericht über Ben Reitman; aber nicht darum sei die Passage fast vollständig zitiert, sondern weil es Hauser gelingt, ein lebendiges und anschauliches Porträt zu zeichnen, und wir gleichzeitig noch etwas über die Obdachlosen der Stadt erfahren:

Früh um vier klingelt in meinem Hotelzimmer das Telephon. Die verschlafene Stimme des Portiers meldet, daß Dr. Ben Reitman auf mich wartet. Dr. Ben Reitman ist eine der bekanntesten Persönlichkeiten von Chicago, Landstreicher, Arzt und Sozialist. Seit einem Menschenalter behandelt er die Prostituierten Chicagos nicht nur in Krankheits-, sondern in allen Fällen, die Hilfe nötig machen. Jeden Sonntag redet er zu den Arbeitslosen in den öffentlichen Parks. Im Sommer, wenn die Massen sich am Strand des Michigansees versammeln, schwimmt er hinaus, daß ihn alle sehen können, und hält wassertretend seine Ansprache vom Wasser aus. Jeder Polizist, jeder Landstreicher, jedes Straßenmädchen kennen Dr. Ben Reitman, alle nennen ihn »Doc«.

Doc steht in der dunklen Hotelhalle. Ein mächtiger, schwergebauter Mann. Wie ein mexikanischer General sieht er aus, schwarzhaarig, schnauzbärtig. Einen wilden Schlapphut trägt er, eine wildfliegende Krawatte und in der Hand einen mächtigen Knotenstock.

Wir wandern los. »Wissen Sie, ich schlafe nicht viel«, sagt Doc. »Es gibt nichts Besseres als die frühen Morgenstunden, ich gehe dann umher und beobachte das Erwachen der Massen.«

Ein grauer Morgen, es regnet, es ist kalt. Wir schlagen unsere Rockkragen hoch, marschieren im Gleichschritt wie Soldaten. Der riesige Turm der »Chicago Tribune« sieht aus wie ein Berg im Nebel. Wir überqueren den Fluß, gehen Stufen hinauf, tauchen ein in einen ungeheuren Tunnel: »Hier beginnt das unterirdische Chicago. Dieser Tunnel führt am Fluß entlang. Am Tag stehen hier mehrere Tausend Autos, die in der Loop, im Geschäftsviertel, nicht parken dürfen. Nachts ist er der Schlafsaal der heimatlosen Männer.« Durch einen schmalen Spalt nach der Flußseite fällt graue Dämmerung. Aber weiße Bündel schimmern wie mit einem eigenen Licht, wie faules Holz, Hunderte und Hunderte von weißen Bündeln in Reihen nebeneinander auf den hölzernen Lagerbänken. Hart schlägt der Knotenstock von »Doc« auf das Pflaster. Da raschelt es in den Bündeln, zwei oder drei richten sich auf, enthüllen erschreckend und gespenstisch Gesichter: es sind Menschen. Hier schlafen sie, es ist hier trocken, man liegt auf Holz besser als auf Stein. »Chicago Tribune« verlädt von diesen Rampen ihre Zeitungen. Der Abfall bleibt liegen; die weißen Bündel sind alte Zeitungen, in die die Männer sich gewickelt haben.

In einer Ecke Feuerschein: ein halbes Dutzend Landstreicher sind vor Kälte aufgewacht, sie haben eine alte Kiste gefunden, ein Feuer angezündet. Sie hocken darum und wärmen sich die Hände. Keiner spricht, sie nicken uns zu, wie wir vorübergehen, sie kennen Doc. Chicago ist eine weitherzige Stadt. Es ist gut, daß die Polizei die Menschen wenigstens hier schlafen läßt, daß man ihnen nicht verbietet, ein Feuer anzuzünden, daß man ihnen wenigstens Zeitungsblätter als Decken gönnt.

Trostloser Regen. Das Pflaster glitzert schwarz. Vereinzelte Autos spritzen breite Wasserstreifen seitwärts wie Sprengwagen. In allen Haustüren von Madison Avenue stehen Dutzende von Männern ohne Mantel, Kragen hochgeschlagen, Hände in den Taschen. Die ersten Gruppen schlurfen von Tür zu Tür dicht an den Häuserwänden entlang, vorgebeugt, damit der Regen ihnen nicht in den Nacken läuft. Hinter den großen Glasfenstern der Etagenhotels sieht man sie in Reihen auf Stühlen sitzen, Zeitungen vorm Gesicht. Aus den unterirdischen Massenquartieren, aus den Kellerhotels beginnen sie zu quellen, alle mit der gleichen Geste: mißmutiger Blick zum trostlosen Himmel, dann Räuspern, Spucken, Kragenhochschlagen, Gebeugt-von-dannen-Schleichen, wenige halten das Stück einer Zigarette sorgfältig geschützt in der hohlen Hand. Es sind Männer aller Nationen und jedes Alters. Auffallend viele Mexikaner und ein gut Teil Neger und Negermischlinge. Aber sie alle sind vom gleichen Schicksal gezeichnet, daß man Rassen- und Altersunterschiede kaum empfindet. Auch die Jungen wirken alt, weil sie ohne Hoffnung sind.

Doc sagt: »Es ist jetzt besonders schlimm. Es hat sich unter den Landstreichern das Gerücht verbreitet, es würde viel Arbeit in Chicago geben bei den Bauten für die Weltausstellung 1933, aber die Bauten sind noch nicht begonnen worden.«

Wir treten in eine der kleinen Wirtschaften, um Frühstück zu bekommen. Es ist ein schmaler, tiefer Raum. Die große Theke teilt ihn in der Mitte. Stühle stehen an den Wänden entlang. An der Kasse am Eingang nimmt man uns fünf Cent ab, das sind zwanzig Pfennig. Wir setzen uns und warten. Viele Männer sitzen und warten wie wir, einige nicken zu Doc herüber. In der Theke arbeiten zwei grauhaarige Männer. Ihre Bewegungen sind gehemmt und vorsichtig. Ihre Gesichter sind zerquält und zerfurcht. Sie sind der Typ entlassener Zuchthäusler nach einer Buße von vielen Jahren. Sie stellen Schüsseln an den Rand der Theke, Teller und dampfende Tassen.

Jetzt schlägt eine Glocke an: Auf dies Signal springen alle Männer von den Stühlen auf und treten an die Theke. Wir essen. Wir haben jeder eine große Schüssel Milch, überstreut mit geröstetem Korn. Dazu vier Scheiben Weißbrot ohne Butter, aber dünn mit Wurst belegt. Dazu ein großes Stück Kuchen und eine Tasse Kaffee. Dieses Frühstück, geliefert für zwanzig Pfennig, ist keine Wohltätigkeit, es ist ein Geschäft, bei dem der Unternehmer verdienen muß. Ich kann wenig essen, *denn ich kann die Augen nicht losreißen von den Gesichtern der essenden Männer. Sie essen wie Tiere, die Angst haben, daß man ihnen ihr Futter nimmt, unbegreiflich schnell, erst mit dem Löffel schöpfend, dann immer gieriger, schlürfend und schmatzend, die Bakkentaschen gebläht, kauend. In zwei Minuten ist die Milchschüssel leer, ist das Brot verschwunden. Mit dem Handrücken wischen sie die Krumen von den Lippen und lassen in großen Schlucken den heißen Kaffee in sich rinnen.*

Wir besuchen ein Fünf-Cent-Hotel. Hier allerdings ist Wohltätigkeit. Ein reicher Mann hat es zum Andenken an seinen verstorbenen Sohn gestiftet. Die Kasse am Eingang ist wie überall vergittert. Der Hausvater führt. Die Schlafsäle sind schon leer; um sechs Uhr morgens müssen sie geräumt sein. Kasernenräume und Kasernenluft: Schweiß- und Desinfektionsgeruch. (...)

Die Tür des Landstreicherklubs [gemeint ist wohl das Hobo College] ist noch geschlossen, aber an der Tür hängt ein Verzeichnis der nächsten Vorlesungen. Die nächste ist über die Revolution in Spanien, die übernächste über den russischen Fünfjahresplan. Doc hat den Landstreicherklub gegründet. (...)

Doc teilt die heimatlosen Männer von Madison Avenue in drei Gruppen ein.

Gruppe eins bildet der Tramp, der junge Mann, der Landstreicher wird aus Abenteuerlust.

Zur zweiten Gruppe gehört der arbeitslose Arbeiter; häufig ist er Trinker, oder er wird Trinker.

Dritte Gruppe ist der Bum. Hier ist der Übergang zum Verbrecher. Der Bum bettelt und bedroht. Ein anderer Typ, der Hi-jacker, plündert den Bootlegger, der nicht zur Polizei laufen kann.

Aus dem Bum entwickelt sich der Dopefiend, der Süchtige. Anfang machen meist die »Marijuanazigaretten«, dann kommen Morphium, Kokain und so weiter.

Die nächste Stufe ist dann schon der kleine Dieb, der Handtaschen plündert und Autos stiehlt.

Doc berechnet die Gefährlichkeit der einzelnen Gruppen nach ihrem Geldbedarf. Er hat herausgefunden, daß der Trinker täglich etwa zwei Dollar braucht, der Süchtige mindestens fünf Dollar, der Gangster, der sich Auto und Mädchen hält und im Hotel wohnt, täglich siebzig Dollar.

Die Spezialisierung des Verbrechertums ist in Amerika noch sehr viel weitergehend als bei uns. Am südlichen Ende von Madison Avenue ist jedes der zahlreichen Lokale Zufluchtsort einer ganz genau bestimmten Gruppe.

Im Abstand von nicht einmal zweieinhalb Monaten starben 1930 zwei Menschen, die in Bens Leben eine bedeutende Rolle gespielt hatten. Im April ließ Anna Martindale in einem Hospital eine Abtreibung vornehmen. Sie war fünfundvierzig Jahre alt und sich des Risikos einer solch späten Geburt bewußt. Der Operation folgte eine Blutvergiftung, der sie nach wenigen Tagen erlag. Prompt wurde Ben beschuldigt, den illegalen Eingriff selbst vorgenommen zu haben, doch nach kurzer Zeit sah sich die Justizbehörde genötigt, die Untersuchung einzustellen. Die Beerdigung führte Pfarrer Frank O. Beck durch, eine der rührigsten Persönlichkeiten des Hobo College und jemand, der Anna frühzeitig gewarnt hatte, sich mit einem Mann einzulassen, der den »Unterschied zwischen Appetit und Liebe« nicht kenne.

Anfang Juli starb sechsundfünfzigjährig in Cincinnati

der Millionärshobo James Eads How. Die Presse im ganzen Land würdigte ihn als selbstlosen Philanthropen. Aber gerade mit dieser Selbstlosigkeit hatte er es übertrieben. Durch Unterernährung war er vorzeitig gealtert, wurden die Widerstandskräfte seines Körpers verbraucht.

Ein Jahr nach Annas Tod heiratete Ben eine vierzehn Jahre jüngere Frau, Rose Siegel, eine Lehrerin aus New York, die er bereits in der Frühphase seiner Beziehung zu Emma Goldman kennengelernt und »erobert« hatte. »Ich habe Rose geheiratet«, schrieb Ben kurz vor seinem Tod einem Freund, »weil sie 20 Jahre auf mich gewartet hat und weil es meine Mutter so wollte. Ich habe Rose nie richtig geliebt.« In Wirklichkeit dürfte ihn die Leere, die ihn nach Annas Tod quälte, bewogen haben, diese Ehe einzugehen.

Gleichwohl lebten sie zunächst nicht zusammen. Bens finanzielle Lage war schlechter als kaum jemals zuvor. Das Gesundheitsamt beschäftigte ihn nur noch gelegentlich, und das Gehalt von der Mafia gehörte der Vergangenheit an. Seine Praxis florierte zwar, doch obwohl er selten mehr als einen Dollar pro Behandlung in Rechnung stellte, konnten die meisten seiner Patienten diese Summe nicht aufbringen.

Heinrich Hauser, Sohn eines Arztes, schildert, wie Reitman seinen Beruf ausübte:

Abends ging ich zu R. Assistierte bei der Behandlung mehrerer Patienten. Er nimmt als selbstverständlich an, daß ich ganz Arzt bin. Der Mann zaubert. Mit einer Geschwindigkeit vollziehen sich die Injektionen und Dunkelfeld-Untersuchungen, wie auf der Bühne eines Varietés. Dabei sprechen wir tiefernst über Literatur.

Seine Patientengespräche sind herrlich. Er behandelt

sie wie Holzklötze, dabei mit einer tiefen Herzenskenntnis.

Bei R. traf ich eine Negermami, die ihre sechzehnjährige Tochter suchte – sie war »verschütt« gegangen und mit Syphilis ins Hospital geschickt. Es war eine reine Freude zu sehen, wie R. den Fall handhabte – wie er mit der Mutter sprach. Wie er die Jungens zu erreichen suchte, mit denen das kranke Mädchen geschlafen hatte. Wie er herausfand, daß ein Baby in dem Haus gewesen war, wo das kranke Mädchen gearbeitet hatte. Wie er eine Dame vom Hilfsdienst hinschickte, um die Mutter des Babys in der richtigen Form auszufragen, ob das kranke Mädchen mit dem Baby in Berührung gekommen war. – Erstaunlich, ganz erstaunlich das alles.

Bei R. traf ich ein einbeiniges Straßenmädchen, ein dralles, junges Ding mit traurigem Gesicht. Die Schraube eines Motorboots hat ihr das Bein abgeschlagen. Sie geht auf den Strich, um das Geld für eine Prothese zu verdienen. Es klingt unglaublich und ist doch schauerlich wahr.

Bens Bemühungen um eine Arztzulassung für New York scheiterten. Also blieb Rose, wo sie war, und verdiente ihren Lebensunterhalt als Lehrerin. Es ist anzunehmen, daß sie ihrem Gemahl gelegentlich mit Geldzuwendungen unter die Arme griff, allein um ihn mit dem Fahrgeld für seine häufigen Reisen nach New York auszustatten. Ihre Aufenthalte in Chicago waren durch Turbulenzen gekennzeichnet. Rose wußte bereits vor der Heirat, was Ben von ehelicher Treue hielt. Aber im Gegensatz zu Anna Martindale war sie naiv genug, zu glauben, sie könne ihn ändern. Die Scheidung war nur eine Frage der Zeit.

1932 erschien Ben Reitmans erstes Buch: *The Second Oldest Profession* (Das zweitälteste Gewerbe), eine umfangreiche sozio-psychologische Studie über den Zuhälter. Ben widmete dieses Buch Emma Goldman, »der hervorragendsten und nutzbringendsten Frau, der ich je begegnet bin. Sie lehrte mich, daß Männer und Frauen nie frei sein werden, bis sie lernen, nicht auszubeuten und sich ausbeuten zu lassen.«

Emma arbeitete damals an ihren dreibändigen Memoiren, deren Erscheinen Ben zu Recht fürchtete. Er ahnte, daß er darin nicht gerade günstig wegkommen würde, und schrieb ihr:

> *Du bist dabei, eine großartige Autobiografie zu schreiben, aber mein* Second Oldest Profession *wird größere Verbreitung finden und mehr Geld einbringen als Dein neues Buch. Unsterblichkeit ist Dir sicher, weil ich mein Buch Dir gewidmet habe.*

Obwohl das Buch vielleicht nicht strengen wissenschaftlichen Maßstäben genügte, wurde es günstig aufgenommen und von einigen Soziologieprofessoren der Universität Chicago in Zeitungen wohlwollend rezensiert. Das schenkte Reitman neuen Auftrieb, neues Selbstbewußtsein. Er machte sich an die Arbeit eines zweiten Buchs: *Sister of the Road: The Autobiography of Box-Car Bertha as Told to Dr. Ben Reitman* (dt.: *Boxcar Bertha),* die abenteuerliche Geschichte eines weiblichen Hobos. Bertha hatte in wenigen Jahren unglaublich viel erlebt, war belesen und hochgebildet, hatte zahllose Berufe ausgeübt, war mit allen Prominenten der Szene zusammengetroffen, hatte der Hinrichtung ihres Freundes beigewohnt, als Medizinerin in den Bordellen Chicagos gearbeitet – kurz, ihre Biografie war derart prall voll, daß die Authentizität des Buches, nachdem es 1937 erschienen war, bezweifelt wurde. Sicher ist, die Boxcar Bertha, als deren Ghostwriter Ben sich ausgibt, hat es nie gegeben.

Reitman hatte sich während seiner aktiven Hobozeit die Lebensgeschichte unendlich vieler Hobos und Tramps beiderlei Geschlechts angehört. Und mit nicht wenigen blieb er lebenslang freundschaftlich verbunden. Aus mehreren Erzählungen, die ihm zu Ohren gekommen waren, hat er dann sein faszinierendes Buch komponiert, wodurch es eben doch von der ersten bis zur letzten Zeile authentisch ist. Die Fülle der geschilderten Episoden, Wechselfälle, Abenteuer, Höhen und Tiefen sorgt für eine abwechslungsreiche und keine Sekunde langweilige Lektüre, wenn auch zuweilen auf Kosten der Glaubwürdigkeit – allerdings nur insofern, daß das alles in *einem* Leben passiert sein soll. Trotz überwiegend ablehnender Kritiken erlebte *Sister of the Road* noch zu Reitmans Lebzeiten zwei Neuauflagen. 1972 kam Martin Scorseses Film *Boxcar Bertha* in die Kinos, wurde jedoch von der Kritik und dem Publikum gleichermaßen abgelehnt.

Eine der Frauen, deren Geschichte Eingang in das Buch gefunden hat, hieß Retta Toble, eine Geliebte, die Ben bei der Fertigstellung von *The Second Oldest* Profession geholfen hatte. Ihre Eltern waren Schafzüchter in South Dakota. Als junge Frau folgte Retta dem Beispiel ihrer Mutter, die als Hobo das Land durchstreift hatte, und gelangte somit fast zwangsläufig nach Chicago, wo sie ebenso zwangsläufig Ben begegnete. Der forderte sie auf, mit in die Wohnung zu ziehen, die er mit Sohn Brutus und seiner Mutter Ida teilte. Der Beziehung war keine Dauer beschieden, hauptsächlich da Ida die neue Flamme Bens nicht mochte und ihn drängte, die Jüdin Rose zu heiraten.

Es ist schon merkwürdig, daß dieser Rebell aus Leidenschaft, der sich zeitlebens um Konventionen nicht scherte, noch mit Mitte fünfzig widerspruchslos alles tat, was Mütterlein von ihm verlangte.

Nicht jeder war von Ida auf Anhieb begeistert, wie die folgende Episode in Hausers Reisebericht nahelegt:

R., der manchmal komische Gedanken hat, bat mich, seine alte Mutter hinauszufahren zu einem Picknick. Ich tat es natürlich und fuhr die rührende alte Frau vorsichtig wie eine Eierkiste. Dann aber eröffnete sie mir, es wären noch zwei andre alte Damen abzuholen, eine davon sehr dick.

Na, was sollte ich machen: Es waren die unverschämtesten alten Weiber, die ich je im Leben getroffen habe. Die ganz Dicke kam neben mich. Sie schimpften auf den Ford und legten sich Zeitungspapier unter. Von mir sprachen sie als »the man«. Die ganz Dicke wollte mich fahren lehren. Zeigte mir die roten und grünen Lichter und wann ich zu halten hätte. – Das konnte ja nun nicht gut gehen. Mir lief die Galle über, und ich fing an, der Dicken einen kleinen Begriff zu geben, wie man in Chicago fährt. Nach drei Minuten fingen die alten Damen an, sich gegenseitig zu befragen, ob sie nicht vielleicht auch mit der Elektrischen fahren könnten. Nach fünf Minuten wußten sie genau, es wäre eine vorzügliche Elektrische gleich in der Nähe. Nach sechs Minuten war ich sie los.

Ende der zwanziger Jahre hatte die Hobobewegung ihren Höhepunkt überschritten. Eine zunehmende Mechanisierung der Landwirtschaft hatte die Saisonarbeiter überflüssig gemacht, das Schienennetz war längst ausgebaut, die

Güterzüge waren derart schnell geworden, daß das Auf- und Abspringen schon fast an Selbstmord grenzte, außerdem waren die Waggontüren inzwischen durch moderne Schlösser gesichert. Im nächsten Kapitel werden wir sehen, daß auch die Depression einen völlig neuen Hobotyp hervorbrachte, der nicht mehr von Fernweh und Abenteuerlust motiviert wurde, sondern von der verzweifelten Hoffnung aufs schiere Überleben.

Die West Madison Street war belebter denn je, hatte ihren Charakter aber vollständig verändert. Männer und ihre Familien, vorwiegend aus dem Mittleren Westen, versuchten, irgendwo einen Job oder eine Mahlzeit und eine Unterkunft zu ergattern. Anfang der dreißiger Jahre gab es kaum noch Seifenkistenredner auf dem Bughouse Square, der »Dill Pickle Club« und viele ähnliche Unternehmen hatten ihre Tore geschlossen. Viele der stadtbekannten Originale und Hobopersönlichkeiten verschwanden von den Straßen. Kurz nacheinander starben Lena »Mother« Greenstein, die Tausende von Hobos, Tramps und Bums durchgefüttert hatte, und Martha Biegler, die nahezu ebenso viele in ihrem Flophouse hatte übernachten lassen. Ben Reitman merkte allein daran, daß er in immer kürzeren Abständen aufgefordert wurde, eine Grabrede zu halten, wie schnell eine Epoche amerikanischer Gegenkultur versank.

Auch Harry Batters, von dem Roger A. Bruns erzählt, wurde zur letzten Ruhe gebettet. Der linksradikale Batters war nicht nur ein prominenter Seifenkistenredner, der von sich behauptete, ein Duzfreund von Lenin zu sein, sondern auch ein Ladendieb von bemerkenswertem Geschick und Wagemut gewesen. Einmal wurde er von Kaufhausdetektiven gestellt, die ein Paar gestohlener Schuhe in seinem Beutel entdeckten. Er versprach Besserung und spielte derart überzeugend den reuigen Sünder, daß man ihn laufen ließ. Dummerweise wurde er am selben Tag noch einmal gestellt – diesmal enthielt sein Beutel zwei Paar Schuhe ...

Noch einmal zog Ben mit einer Frau zusammen. Medina Oliver, 1904 in Texas geboren, hatte während ihrer ersten College-Semesterferien einen Job als Hilfslehrerin angenommen. Während des Unterrichts trug sie ein züchtiges Kleid, dennoch wurde ihr bald gekündigt, da sie in Reithosen zur Schule geritten kam und sich weigerte, einen Damensattel zu benutzen. Sie studierte Medizin, ohne ein Abschlußexamen zu machen, und zog schließlich nach Chicago, wo sie Kurse in Bakteriologie belegte. Ben Reitman begegnete ihr auf der Straße an einem Wintertag 1932. Sie hatte ihre Handschuhe vergessen, Ben ging auf sie zu und forderte sie auf, ihre blaugefrorenen Hände in seine Manteltaschen zu stecken. Als erstes wollte er wissen, ob sie Krankenschwester sei. Medina verneinte, ergriff später aber genau diesen Beruf. Im Dezember 1936 kam die gemeinsame Tochter Mecca zur Welt, und die Familie bezog zusammen ein Haus.

Der 27. Juni 1939 war für Anarchisten und Suffragetten der ganzen Welt ein besonderer Feiertag: Emma Goldman wurde siebzig Jahre alt. Schon Wochen vorher rüsteten sich Emma und Ben, das Kriegsbeil zu begraben. Emma, die inzwischen in Kanada lebte und Ben in ihren Memoiren als Feigling und Dieb bezeichnet hatte, schrieb ihm einen versöhnlichen Brief. Und Ben antwortete: »Das ist der Brief, auf den ich seit Jahren gewartet habe.« Worauf Emma ihm zwei Tage nach ihrem Geburtstag gestand, die zehn Jahre, die sie zusammen verbracht hatten, seien größtenteils sehr schmerzhaft für sie (und zweifellos auch für ihn) gewesen.

Aber ich hätte nicht darauf verzichten wollen, ein so exotisches und ursprüngliches Wesen wie dich kennenzulernen. Und ich habe immer allen Leuten erzählt, wie gut du gearbeitet hast. Du warst wirklich der einzige von allen Männern, die ich kannte, der sich vollkommen meiner Arbeit und meinen Zielen gewidmet hat ... Du erinnerst dich sicher an meinen Ausspruch, daß es keinen Sünder gibt, der nicht auch oft ein Heiliger ist, oder umgekehrt. Du warst ganz sicher beides.

Wenige Wochen später machte sich Ben nach Kanada auf, um Emma noch einmal zu sehen. Sie tauschten Freundlichkeiten und Erinnerungen aus. Bens Plan, ein Buch über die gemeinsam verbrachten Jahre zu schreiben, begegnete sie mit Skepsis.

Im Oktober erlitt Ben einen Schlaganfall. Er war, so schildert Bruns, nicht mehr in der Lage, sich selbst anzuziehen, und mußte fortan eine strenge Diät einhalten, was dem zügellosen Gourmand besonders schwer fiel. Er mußte seine Praxis aufgeben, war mehr oder weniger ans Haus gebunden und auf Medinas fürsorgliche Pflege angewiesen, wobei ihr die inzwischen hinzugezogene Mutter Ida zur Hand ging.

Er korrespondiert weiterhin mit Emma, die ihn zu ermuntern versucht. Noch einmal schreibt er ihr:

Mit 62 muß ich wieder ein neues Leben anfangen. Ich bin ungefähr in derselben Lage wie seinerzeit, als wir uns getrennt hatten und ich nach Chicago zurückkam, um ein neues Leben anzufangen ... Seit Annas Tod vor zehn Jahren habe ich nicht mehr genug zum Leben verdient. Die letzte Krankheit zwang mich, mein Büro und die Praxis aufzugeben, und es war ein ziemlicher

Schock für mich, keine Möglichkeit zum Geldverdienen zu haben. Das hat meinem Selbstbewußtsein einen beträchtlichen Schlag versetzt, obwohl die Luft noch nicht ganz raus ist. Noch nie im Leben habe ich meine Grenzen und meine Armut so sehr gespürt. In den 15 Jahren, die ich in meiner Praxis war, hatte ich über 6000 Patienten. Innerhalb von zwei Monaten sind sie alle verschwunden und nicht eine Rechnung konnte ich eintreiben.

Emma konnte nicht mehr antworten, sie starb am 14. Mai 1940 in Toronto. Ein letzter Wunsch wurde ihre erfüllt – sie durfte auf dem Waldheim-Friedhof in Chicago beerdigt werden.

Ben verließ das Haus kaum mehr, fand sein Glück als Familienvater. 1940 kam die Tochter Medina zur Welt, zwei Jahre später Victoria, während Olive erst nach dem Tod ihres Vaters geboren wurde.

Am 17. November 1942 starb Ben Reitman an einem Herzanfall. Etwa siebenhundert Menschen folgten seinem Sarg, als er in der Nähe Emma Goldmans zu letzten Ruhe gebettet wurde. Die Trauergemeinde bestand aus Hobos, Tramps, Bums, Anarchisten und Professoren.

Testamentarisch hatte er verfügt, daß »zweihundertfünfzig Dollar ausgegeben werden sollen für Essen und Trinken für Hobos und Arbeitslose, die von meinem Sohn Brutus zu einem Beerdigungsmahl einzuladen sind. Ich möchte, daß die Bewirtung in einem großen Saal stattfindet, mit Essen, Trinken, Spaß und schönen Stunden für alle.«

Dem Wunsch wurde entsprochen – es war Ben Reitmans letztes Hobofest.

Unterwegs zum nächsten Bahnhof

Das Aufspringen war gefährlich und wollte gelernt sein

Für Hoboveteranen reine Routine

Man reiste auf, im …

... oder unter dem Güterzug

Der Bremser bedroht einen Hobo

Ist die Bahnpolizei in der Nähe?

Ein Dschungel

Schlafsaal in einem Flophouse

Einige Tramps legten Wert auf ein gepflegtes Äußeres

Der Main Stem in Chicago

Vor dem Eingang einer Arbeitsagentur

William Aspinwall

Ben Reitman, etwa 1918

Der »Millionärshobo« James E. How

Ein Hobo College in Chicago

Emma Goldman

Ben Reitman mit seinen Töchtern Mecca und Medina

Vachel Lindsay

Der »Goat Man«

Oben: Jack London (rechts) in seiner Zeit als Tramp
Unten: Woody Guthrie mit seiner zweiten Frau Marjorie

Arbeitssuchende Familie während der Depression

NEXT TIME TRY THE TRAIN
RELAX
Southern Pacific

3. Kapitel

Prominente Vagabunden

Es gab Prominente, die Hobos gewesen waren, und es gab prominente Hobos. Zur ersten Gruppe zählten unter anderen Jack London, Spencer Tracy, Clark Gable und der spätere Literaturnobelpreisträger Eugene O'Neill. Ihre Motive waren unterschiedlich – Abenteuerlust (London), wirtschaftliche Not (Tracy, Gable) oder Unschlüssigkeit, was die Berufswahl anbetraf (O'Neill). Keiner der vier hatte jemals vorgehabt, für den Rest des Lebens auf Wanderschaft zu bleiben. Sie alle haben rechtzeitig den Absprung gefunden und einen Beruf ergriffen, der ihnen eine glanzvolle Karriere bescherte. Am nachhaltigsten beeinflußt durch die Erlebnisse unterwegs wurde Jack London. Es war die Zeit, die ihm die Augen für die sozialen Probleme seines Landes öffnen und sein Weltbild bestimmen sollte. Dargelegt hat er das in dem Essay »Wie ich Sozialist wurde«. In seinen Abenteuerromanen und -erzählungen blieb er stets Anwalt der Ausgestoßenen, der Chancenlosen, der Randgruppen der Gesellschaft.

Kaum überraschend dürfte die Feststellung sein, daß es unter den Hobos und Tramps mehr Originale und Exzentriker als beispielsweise unter Meteorologen oder Finanzbeamten gab. Alle hatten aufregende, empörende, tragische und komische Geschichten zu erzählen. Und im Gegensatz zu anderen, heterogenen Berufsgruppen verfügten sie über eine Vielfalt von Fertigkeiten. Es gab keinen Hobo, der Fachmann auf nur einem einzigen Gebiet war; das hätte den sicheren Hungertod bedeutet oder den zwangsläufigen Wechsel ins Lager der Tramps. Ein Kumpel im Kohlebergwerk mußte auch als Maurer, Gleisleger, Holzfäller, Straßenbauarbeiter, Schafscherer, Austernfischer und so weiter einsetzbar sein. Nach Tagen oder Wochen harter Arbeit zogen Hobos in den nächsten Dschungel, der in der Nähe oder Hunderte von Meilen entfernt war, und tauschten Erfahrungen, Erlebnisse und Ratschläge aus. Auf den folgenden Seiten sollen einige Hobos und Tramps vorgestellt werden, die es, aus welchem Grund auch immer, zumindest unter ihresgleichen, manchmal auch über ihre eigenen Kreise hinaus zu Ansehen gebracht haben.

Carl the Tramp

Die Hausfrauen mochten ihn. Wenn er an die Tür klopfte und um einen Bissen zu essen bat, erhielt er meist ein Sandwich oder ein Stück Kuchen, selbst von Frauen, die bettelnde Tramps abzuweisen pflegten. Denn dieser äußerst höfliche, stets lächelnde Carl verfügte über einen Charme, der weibliche Herzen schmelzen ließ. Kaum jemand wußte, daß er in Wirklichkeit John P. Harmens hieß, bekannt war er nun einmal unter dem Namen Carl the Tramp. Er war ein Einzelgänger, der die Dschungel mied und lieber alleine irgendwo im Freien übernachtete. Einer seiner bevorzugten Plätze war ein von Büschen und Bäumen abgeschirmtes Geviert an einem Flußufer ein paar Meilen außerhalb Sacramentos, der Hauptstadt Kaliforniens.

Auch in der Nacht des 11. Oktober 1894 rollte er an dieser Stelle seine Decke aus. Er war noch nicht eingeschlafen, da hörte er in einiger Entfernung Stimmen. Carl konnte nicht verstehen, was die beiden Männer sagten, doch sah er das Licht zweier Laternen und vernahm metallene, klimpernde Geräusche, auf die er sich keinen Reim machen konnte. Er verhielt sich ruhig, wartete ab. Nach einer Weile entfernten sich die Männer mit ihren Laternen.

Die Sonne weckte ihn. Gewöhnlich absolvierte er eine flüchtige Morgentoilette am Fluß und ging dann in die Stadt, um sich sein Frühstück zu erbetteln. Heute aber untersuchte er erst einmal die Stelle unter den Weiden, wo die Männer sich in der vergangenen Nacht zu schaffen gemacht hatten. Nichts Auffälliges. Carl wollte gerade den Rückzug antreten, da bemerkte er einen kleinen Hügel aus Blättern und Zweigen, der aussah, als sei er künstlich angelegt worden. Er schob das Gestrüpp beiseite – die Erde darunter war offenbar erst kürzlich aufgehackt worden –, kniete sich hin und fing mit den Händen zu graben an. Bereits nach wenigen Zentimetern stieß er auf einen kleinen Sack. Er zog ihn hoch und schlitzte ihn auf. Ein Strom glänzender 20-Dollar-Goldmünzen ergoß sich zu seinen Füßen.

Bald hatte er drei weitere Säcke ausgegraben, auch diese vollgepropft mit Geld. Insgesamt mehr als sechzigtausend Dollar – nach heutiger Kaufkraft nahezu eine Million.

Mehr als sein Gewissen plagte ihn die Frage, wie er die unvermutete Barschaft fortschaffen könnte. Er verstaute an die zehntausend Dollar in einem der Säcke, den er dann mit seinen Decken umbündelte. Den Rest vergrub er an einer anderen Stelle. Sodann machte er sich nach Sacramento auf, nahm ein Zimmer in einem der schäbigsten Hotels und aß in Billigkneipen, um keinen Verdacht zu erregen. Anderntags kehrte er zu dem segensreichen Lager zurück und holte eine zweite Rate, genauer, alles bis auf einen Rest von achttausend Dollar, den er beim besten Willen nicht auch noch abschleppen konnte. Diesen Rest füllte er in verrostete Blechdosen, gefunden in der Asche eines längst erkalteten Lagerfeuers. Die Dosen wiederum vergrub er an mehreren, einigermaßen entfernten Stellen, die er sich genau merkte. Sein nächstes Ziel hieß San Francisco.

Nachdem er sein gewichtiges Gepäck aus dem Hotel in Sacramento abgeholt hatte, begab er sich zum Bahnhof und schlüpfte in einen Güterwaggon – nicht aus Gewohnheit, sondern wiederum aus Furcht aufzufallen, wenn er, zerlumpt, wie er gekleidet war, am Schalter eine Fahrkarte löste. Eine ähnliche Vorsichtsmaßnahme bewog ihn auch, in San Francisco noch einmal in einem besseren Flophouse abzusteigen. Am nächsten Morgen steckte er ein paar hundert Dollar in seine Taschen und suchte erst einmal einen Barbier auf. Mit gewaschenen und gekürzten Haaren und glattrasiert betrat er das Geschäft eines der führenden Herrenausstatter der Metropole. Eine Stunde später trat er nach der neuesten Mode gekleidet auf die Straße. Bei einem Juwelier erstand er noch eine diamantene Krawattennadel und ein Paar goldene Manschettenknöpfe. Dann erwarb er einen Lederkoffer erlesenster Qualität, nur deshalb notwendig, da er den Umzug in ein Luxushotel plante, wo sein Erscheinen mit der Bettrolle eines Tramps Befremden hätte auslösen können.

Er schrieb sich unter dem Namen Carl Hermann ein und fing ein neues Leben an, ein Leben, das gut eineinviertel Jahre währen sollte. Da er fortan nur in den teuersten Restaurants zu dinieren pflegte, wo er gelegentlich auch die Rechnungen anderer Gäste beglich, hatte er keine Schwierigkeiten, in die feineren Kreise der Stadt aufgenommen zu werden, zumal er gerne bereit war, den neuen Freunden größere Summen zu leihen, wenn er darum gebeten wurde. Wurde er nach der Quelle seines Reichtums gefragt, erzählte er, einen wohlhabenden Onkel aus Deutschland beerbt zu haben.

Die Sonntage verbrachte er selbstverständlich auf der Rennbahn, wo er eine ebenso charmante wie einsame Dame des Namens May de Vaughan kennen lernte. May überzeugte ihn rasch, daß sie als Freundin des Dandys Carl Hermann nicht so recht standesgemäß wohne. Er sah das sofort ein, mietete ihr ein geräumiges Apartment, das er mit protzigen Möbeln ausstattete. Kaum eingezogen, schlug May eine Reise nach New York vor. Carl solle sich doch schon mal auf den Weg machen, sie komme dann ein wenig später nach. Carl fuhr gen Osten, genoß das Leben in New York und wartete. May bat ihn telegrafisch um tausend Dollar für die Reisekosten und ein paar Kleider. Carl zahlte und wartete. Als er, zurück in San Francisco, Mays Wohnung aufsuchte, fand er die Stätte öd und leer, und Madame war abgehauen. Keineswegs entmutigt, verliebte sich der ehemalige Tramp sogleich in die nächste Frau, die mit der ersten zweierlei gemeinsam hatte: Sie nutzte ihn ebenfalls nach Kräften aus und suchte dann das Weite. Auch diesen Schicksalsschlag überstand der Krösus einigermaßen unbeschadet. Krösus? In den Monaten seiner Prasserei hatte Mr. Hermann zwei Dinge konsequent vernachlässigt: sich um seine Zukunft Gedanken zu machen und Zeitung zu lesen.

Hätte er wenigstens letzteres getan, wäre ihm am 28. Juli 1895 ein alarmierender Artikel aufgefallen. Berichtet wurde über die Verhaftung eines Jack Brady, der zusammen mit seinem Komplizen Samuel Browning Eisenbahnen überfallen hatte, zum vierten und letzten Mal am 11. Oktober 1894 in der Nähe von Sacramento. Die Gangster hatten die Säcke zum Flußufer geschleppt, wo sie sie vergruben. Browning kam wenig später bei einer Schießerei ums Leben. So groß Bradys Freude gewesen sein mag, die Beute nicht mehr teilen zu müssen, so gewaltig war die Enttäuschung, als er feststellte, daß das Versteck leer war. Nach seiner Verhaftung durch Pinkerton-Mitarbeiter legte er ein umfassendes Geständnis ab und führte die Detektive zu der Stelle, wo die Säcke vergraben gewesen waren. Mit Spitzhacke und Spaten wurde zwei Tage lang die Gegend abgesucht, dann stieß man auf die Blechdosen mit der Restsumme. Brady hatte also nicht gelogen. Es war klar, daß ein Unbekannter sich des Geldes bemächtigt hatte. Meisterdetektiv James B. Hume tippte auf einen Hobo und hörte sich in den Dschungeln um. Ob da jemand vor einem knappen Jahr verschwunden und nicht wieder aufgetaucht sei? Niemand wußte etwas. Einen ersten Hinweis erhielt er dann von einem inhaftierten Tramp in Sacramento. Der erzählte etwas von seinem plötzlich untergetauchten Freund Carl.

Nie hätte Hume den Fall gelöst, wäre am 7. Februar 1896 nicht ein Fremder in seinem Büro aufgetaucht. Der Mann berichtete, ein Bekannter habe ihm am vergangenen Abend von einem gewissen Carl Hermann erzählt, den er auf der Rennbahn kennengelernt hatte und der später im Zustand der Volltrunkenheit von einem Haufen Geld in einer Erdgrube bei Sacramento gefaselt habe. Der Fremde war sogar in der Lage, eine bevorzugte Kneipe dieses Mr. Hermann zu benennen.

Hume machte sich unverzüglich auf den Weg. Die Kneipe lag in einem Slum. Am Tresen stand ein ungewöhnlich vornehm gekleideter Gentleman. Der Detektiv stellte sich vor und bat den Dandygast, ihm in sein Büro zu folgen. Es dauerte nicht lange, und John Harmens alias Carl Hermann hatte seine Geschichte erzählt. Ein Blick in sein Sparbuch offenbarte, daß der gute Carl sein ausschweifendes Leben nicht mehr sehr lange hätte fortsetzen können. Sein Guthaben war auf zweitausend Dollar zusammengeschmolzen.

Am Ende des bald folgenden Prozesses wurde Harmens zu drei Jahren Gefängnis verurteilt, da er sich Geld angeeignet hatte, das ihm nicht gehörte, da er gestohlenes Geld gestohlen hatte. In seiner Urteilsbegründung sagte der Richter: »Ich kann gut verstehen, daß ein armer Mann wie Sie in ernsthafte Versuchung gerät, wenn er eine große Summe Geldes findet.« Nichts im Beweismaterial habe darauf hingedeutet, daß er ein Krimineller sei. »Sie hatten jedoch ausreichend Gelegenheit, nachzudenken und den rechtmäßigen Besitzer des Vermögens zu ermitteln. Als das Vermögen bei Ihnen aufgespürt wurde, haben Sie alles in Ihrer Macht Stehende getan, um es rückzuerstatten, aber den größten Teil hatten Sie bereits ausgegeben.«

Hermann bat, ein Schlußwort sagen zu dürfen. Die Bitte wurde ihm gewährt.

»Ich habe wie ein Prinz gelebt«, verkündete er. »Ich bedauere nur, daß man mich nicht lange genug in Ruhe gelassen hat, um den Rest auch noch zu verprassen.«

Nach seiner Entlassung wurde aus Carl Hermann wieder Carl the Tramp, der seiner Wege zog, an Türen klopfte und höflich lächelnd um ein Sandwich bat.

T-Bone Slim

Er war der berühmteste Hobo-Schriftsteller, auch wenn er nie ein Buch veröffentlicht hat. Jeder kannte seinen Namen, kaum jemand wußte, wer er war. Eigentlich hieß er Matt Valentine Huhta, geboren wurde er um 1890 in Ashtabula, Ohio. Die Eltern waren Finnen, die Mutter arbeitete als Wäscherin. Matt heiratete in jungen Jahren, nach der Geburt des vierten Kindes ließ er sich scheiden und verschwand auf Nimmerwiedersehen. Er wurde einer der reisefreudigsten Hobos, die es ja gab. Nirgends blieb er lange, nahm jeden Job an, der sich bot, ob an der West- oder der Ostküste, ob in den Dakotas, in Chicago oder New York. Er hatte Bekannte, aber keine Freunde, war überzeugter Einzelgänger, der sich niemandem anschloß und die Dschungel gewöhnlich mied. Dennoch war er mit den Problemen und Nöten der Hobos und Tramps vertraut wie kaum jemand sonst. Davon zeugen seine zahllosen Glossen in der Arbeiterzeitschrift *Industrial Worker* und anderen linken Kampfblättern, die oft allein seiner Beiträge wegen abonniert wurden. Und wer in dem unendlich oft aufgelegten *Little Red Song Book* nachschlägt, wird nicht wenige Liedertexte aus T-Bone Slims Feder finden. Zwei dieser Lieder hat Upton Sinclair in sein Drama *Singing Jailbirds* übernommen.

T-Bone Slim war Mitglied der IWW und nahm, wenn es sich ergab, an deren Sitzungen teil, allerdings ohne sich jemals zu Wort zu melden. Wollte jemand den schmächtigen, stets in Lumpen gekleideten Mann in eine Diskussion verwickeln, lenkte Slim das Gespräch schnell auf den Artikel, an dem er gerade arbeitete, und notierte jedes Argument in ein kleines Heft. Hielt er sich in einer Großstadt auf, verbrachte er jede freie Minute in öffentlichen Büchereien. So hat er sich im Lauf seines Lebens eine umfassende Bildung zugelegt; er war nicht nur mit den Werken von Karl Marx und Friedrich Engels vertraut, sondern auch mit der klassischen europäischen und amerikanischen Literatur.

Für T-Bone Slim war der Kapitalismus die Wurzel allen Übels. Und gegen dieses Übel gab es, seiner Ansicht nach, nur ein einziges Mittel: die Organisation der Arbeiterklasse. Das waren freilich keine neue Gedanken. Weswegen also waren seine Glossen so überaus populär? Die Antwort ist einfach: wegen ihres Humors. Mit den Mitteln der Ironie, des Sarkasmus und der Satire verstand es T-Bone Slim, seine Leser auf Mißstände hinzuweisen und abhelfende Maßnahmen vorzuschlagen. Besonders beliebt waren seine Aphorismen. Hier ein paar Beispiele:

Ein übler Makel des Radios: Der Arbeiter sitzt am falschen Ende – dem empfangenden.

Es herrscht Redefreiheit – solange man nichts erwähnt.

Maschine: Eine Erfindung, von Ingenieuren eingesetzt, um Wohlstand zu schaffen, und von Geschäftemachern, um Armut zu schaffen.

Wohlfahrt: Einen Rettungsring in den Sarg eines Ertrunkenen werfen.

Profit: Der Preis, den die Ignoranz der Gier für das Privileg zahlt, in einer Welt der Überflusses Hunger zu leiden.

Tränengas: Wirkungsvolles Mittel, von Arbeitgebern eingesetzt, um ihre Arbeitnehmer zu überzeugen, daß die Interessen des Kapitals und der Arbeit identisch sind.

Nur die Armen brechen Gesetze – die Reichen umgehen sie.

Wanzen verbergen sich unter Steinen, Bazillen unter Fingernägeln und ein paar andere Parasiten unter den Ulmen ländlicher Güter.

Ich hab so laut geschnarcht, daß sie mich aus dem Kino warfen. Es kommt ihnen wohl nicht in den Sinn, mal etwas zu zeigen, ohne daß das Publikum einschläft.

Im Vollbesitz meiner geistigen und körperlichen Kräfte erkläre ich hiermit einer erstaunten Öffentlichkeit, daß ich nicht für das Amt des Vizepräsidenten kandidiere; für mich kommt nur Präsident oder nichts in Frage, und wenn es nichts ist, stehe ich nicht zur Verfügung.

Der Umstand, daß die IWW an Macht verlor und schließlich zur Bedeutungslosigkeit hinabsank, machte T-Bone Slim schwer zu schaffen. Er mußte einsehen, daß sein lebenslanger Kampf nichts bewirkt hatte, ein Schicksal, das er mit praktisch allen engagierten Schriftstellern teilte. Allmählich resignierte er, doch gleichzeitig nahm sein Haß auf Kapitalisten, Polizisten und christliche Prediger pathologische Formen an. Weggefährten beobachteten deutliche Anzeichen progressiven Verfolgungswahns.

Am 15. Mai 1942 wurde seine Leiche in New York im East River geborgen. Die Todesursache konnte nicht ermittelt werden. Freitod oder Unfall? Die Akte wurde bald geschlossen.

Vachel Lindsay

Zuweilen gerät der Name eines Künstlers nur deswegen nicht in Vergessenheit, weil ein einziges seiner Werke überlebt hat. Am häufigsten kommt derlei in der Musik vor; man denke nur an Ruggiero Leoncavallos Oper *Der Bajazzo* oder an Pietro Mascagnis *Cavalleria rusticana*. Und den österreichischen Komponisten Franz Schmidt kennt man nur noch wegen des wenige Minuten dauernden Zwischenspiels aus seiner Oper *Notre Dame*. Auch in der Literatur begegnet man diesem Phänomen – von August Kopisch etwa ist nur noch das Gedicht *Die Heinzelmännchen von Köln* bekannt, und der amerikanische Lyriker Vachel Lindsay hat sich mit dem Gedicht *General William Booth Enters Into Heaven* ein wenig Unsterblichkeit gesichert.

Lindsay wird 1879 als Sohn eines Arztes in Springfield, Illinois, geboren. Schon in jungen Jahren zeichnet er sich durch künstlerische Neigungen und eine ungewöhnliche Frömmigkeit aus. Nach dem Schulabschluß geht er nach New York, um Künstler zu werden. Er belegt zwar Kurse in einer Kunstakademie, weiß aber lange Zeit nicht, ob er zum Maler oder zum Dichter berufen ist. Nicht wenige, die seine Zeichnungen und Gemälde sehen, raten ihm dringend, den Beruf des Schriftstellers zu ergreifen.

Neben Gedichten schreibt Vachel hauptsächlich Bettelbriefe nach Hause, wobei er es selten versäumt, von glänzenden Verdienstaussichten in nächster Zukunft zu berichten. Einmal setzt er sogar eine Frist: Sollte er in sechs Monaten keinen dauerhaften Job gefunden haben, würde er nie wieder um finanzielle Zuschüsse nachsuchen. Nach Ablauf der Frist bittet er, diese noch ein wenig verlängern zu dürfen. Verdient er tatsächlich mal ein paar

Dollar, schickt er sie sofort den Eltern, nur um wenig später …

Seine Schulden beglich er meistens, selbst wenn die Gläubiger längst nicht mehr auf eine Rückzahlung zu hoffen wagten. Erst nach seiner späten Heirat wurde er in dieser Hinsicht nachlässig, da er der festen Überzeugung war, die Rückzahlung geliehenen Geldes zähle zu den ehelichen Pflichten der Frau.

Schließlich hatte er einen großartigen Gedanken, meinte er zumindest. Er ließ – von geliehenem Geld, versteht sich – eines seiner Gedichte, von ihm selbst schauerlich illustriert, in einer Auflage von hundert Exemplaren drukken. Am 23. März 1905 stopfte er die Blätter in seine Manteltaschen und begab sich auf Wanderschaft, zunächst in New York. »Lyrik für Brot«, lautete seine Devise. Nur konsequent, daß er zunächst in einer Bäckerei vorstellig wurde. Der verwirrte Bäcker hatte kein Interesse an dem Tauschgeschäft. Lindsay änderte nun seine Taktik und bot sein Gedicht für etwas Eßbares *oder* Geld an. Zwei Cent kostete das Blatt. Er versuchte sein Glück auf dem Fischmarkt, in einer chinesischen Wäscherei, in Drugstores, in Süßwarengeschäften. Bilanz des stundenlangen Marsches durch die Stadt: 13 Cent. Und Lindsay war begeistert. Nicht die Einnahmen versetzten ihn in Euphorie, sondern die Überzeugung, der einfache Mann von der Straße habe ein Herz für Lyrik. Sofort gab er den Druck eines zweiten Gedichts in Auftrag, diesmal auf rotem Papier. Er klapperte frohgemut zwei andere Stadtviertel ab, mit ähnlich zweifelhaftem Erfolg.

Keineswegs entmutigt, beschließt Lindsay, nun die Vereinigten Staaten zu durchstreifen, um den Leuten seine »Gospel of Beauty«, sein »Evangelium des Schönen« näherzubringen. In seinem Vorhaben bestärkt wird er durch eine Marienerscheinung im Central Park. Im März 1906 schifft er sich mit einem Freund nach Florida ein. Von dort aus wollen sie zu Fuß nach New York zurückkehren, unterwegs Nahrung gegen Lyrik eintauschen und dem Volk die Ideale poetischer Schönheit nahebringen. Sie gehen in Jacksonville von Bord, Lindsay bittet den Direktor des örtlichen College, am Abend den Studenten seine Gedichte vorlesen zu dürfen. Die Bitte wird ihm gewährt, Lindsay verbringt den Nachmittag damit, durch die Straßen zu streifen und alle Welt zu dem Ereignis einzuladen. Neunzehn Leute finden sich ein. Nach der Veranstaltung geht der Freund mit seinem Hut herum, in dem sich dann drei Dollar ansammeln.

Am folgenden Tag erreichen sie Orlando. Lindsay darf im Versammlungsraum der YMCA auftreten. Diesmal ist das Publikum noch kleiner, und der Hut beherbergt am Ende des Abends nur 85 Cent. Dem Freund wird das allzu peinlich, und er besteigt nach zwei weiteren Stationen das nächste Schiff zurück nach New York. Lindsay ist ungebrochen und wandert weiter. Wer an das Evangelium des Schönen glaubt, gar noch von einer Marienerscheinung gestärkt, ist von missionarischem Eifer beseelt und gibt nicht so schnell auf. Er findet einen Job als Schildermaler. Nach Fertigstellung des ersten Schilds wird er gefeuert.

Wer ihm Unterkunft und eine Mahlzeit gewährt, wird zum Nachtisch mit einer Gratisrezitation seiner Gedichte belohnt. Aber solcher Gastfreundschaft kann er sich nur äußerst selten erfreuen. Meistens wird er abgewiesen. Er will zu den Eltern nach Springfield und bittet seinen Vater telegrafisch um das Fahrgeld; der schickt ihm prompt den gewünschten Betrag. Vachel fährt aber nur ein paar Stationen mit der Bahn, dann setzt er seinen Weg durch Georgia, Tennessee und North Carolina fort, bis er nach rund tausend Kilometern Fußmarsch im Haus seiner Tante Eudora und deren Mann in Kentucky landet, wo er einen Monat bleibt.

Nach einem Zwischenaufenthalt bei den Eltern reist er wieder nach New York, wo er sich mehr schlecht als recht über Wasser hält. Immerhin gelingt es ihm, ein paar Artikel über seine Wandererfahrungen bei einer Zeitschrift unterzubringen. Von diesem Erfolg ermutigt, beschließt er, noch einmal sein Glück als Tramp und Hobo zu versuchen. Allerdings bezeichnet er sich selbst euphemistisch als »gentleman adventurer«. Ende April 1908 macht er sich auf den Weg, die neuesten Gedichte im Gepäck. Sein Fernziel ist Springfield, erste Station ein Wohnheim der Heilsarmee in Newark, New Jersey.

»Habe meine fünfzehn Cent bezahlt und ein Bett im zweiten Stock erhalten«, notiert er in sein Tagebuch.

> *Vierundvierzig Betten im Raum. Die meisten Männer schliefen nackt, einige in Unterwäsche. Viele schnarchten, noch mehr spuckten auf den Fußboden. Drei Halbbesoffene redeten bis Mitternacht. Schließlich fiel der Dicke aus seinem Bett, gut zwei Meter, nackt, und brach sich um ein Haar den Schädel. Das brachte sie zum Schweigen. Er prahlte, gestern fünfzig Bier getrunken zu haben. Die Bettwäsche war verdreckt. Meine voller Blut. Die Kopfkissenbezüge ölverschmiert. Im Großen und Ganzen war das Heim besser als das in Atlanta.*

Bessere Erfahrungen machte er mit den Pennsylvania-Dutch-Farmern, die ihn freundlich empfingen, doch, obgleich streng christlich orientiert, mit seinen Gedichten nichts anzufangen wußten. Ganz im Gegensatz zu jener

Bergarbeiterfamilie in Shickshinny, Pennsylvania, die ihn für eine Nacht aufnahm und zu einem fürstlichen Abendessen einlud. Die Entlohnung bestand wieder aus einer Dichterlesung, der die beiden Kinder mit Staunen, die Eltern mit Begeisterung folgten.

Mitte Mai erreichte er Hiram, Ohio, wo seine Schwester Joy lebte. Von dort aus fuhr er mit der Bahn nach Springfield.

Seine Mutter war inzwischen Mitglied der Anti-Saloon League von Illinois geworden, einer militanten Antialkoholbewegung, die sich für die gesetzliche Einführung der Prohibition einsetzte. Vachel war begeistert, und die League war es ebenfalls. Sie schickte den rhetorisch begabten Nachwuchslyriker jeden Sonntag in eine andere Ortschaft, wo er in Kneipen oder auf öffentlichen Plätzen wortgewaltig gegen den Genuß berauschender Getränke zu Felde zog. Pro Auftritt erhielt er zehn Dollar. Als zwölf Jahre später die Prohibition tatsächlich landesweit eingeführt wurde, durfte er stolz auf sich sein. Ob er bemerkt hat, daß dieses Gesetz lediglich einen sprunghaften Anstieg des Alkoholkonsums und das Erstarken der Mafia zur Folge hatte, wissen wir nicht.

Zugute halten muß man ihm, daß er sich bei seinen Kreuzzügen, sei es gegen den Alkohol oder für sein Evangelium des Schönen, nie von einer Kirche oder Sekte hatte einspannen lassen. Er kämpfte für die Gleichberechtigung der Schwarzen und für ein »Königreich Gottes auf Erden«, das erstrebenswerter sei als die Hoffnung auf die ewige Seligkeit.

War Springfield das Ziel seiner zweiten Wanderung gewesen, so war es Ende Mai 1912 Ausgangspunkt seiner dritten. Diesmal hatte er vor, ein ganzes Jahr unterwegs zu sein. Von Los Angeles, so der Plan, sollte es nach Norden bis Seattle und dann zurück nach Illinois gehen. Selbstverständlich führte er wieder stapelweise Handzettel mit seinen Gedichten mit sich. Muttern war es überlassen, die Druckkosten zu begleichen.

Nach ein paar Übernachtungen im Freien sah sein Anzug so aus, daß jeder, bei dem er vorsprach, um Brot gegen Lyrik zu erbetteln, augenblicklich der Überzeugung war, er suche Arbeit. Noch ehe er dazu kam, sein Anliegen vorzubringen, wurde er zum Holzhacken oder Grasmähen oder als Erntehelfer eingeteilt; aus dem »gentleman adventurer« wurde ein Hobo wider Willen. Unter der glühenden Sonne von Kansas half er zwölf Stunden täglich, Garben zu binden. Nach einer Woche nahm er seinen Lohn von knapp acht Dollar in Empfang und zog in Richtung Colorado weiter, wo seine Familie einen Campingurlaub in den Bergen zu verbringen gedachte. Unterwegs verdingte er sich immer wieder mal auf einer Farm und half bei der Ernte. Den Löwenanteil seines spärlichen Verdienstes schickte er der Mutter, wodurch er den Bruch einer der drei Regeln, die er vor Antritt der Wanderung aufgestellt hatte, teilweise wiedergutmachte: er hatte sich geschworen, kein Geld anzurühren. Die zweite Regel lautete: die ganze Strecke zu Fuß zurückzulegen. Doch gelegentlich benutzte er die Eisenbahn, und wenn ihn jemand ein Stück im Auto mitnahm, hatte er nichts dagegen. Am eigentümlichsten war die dritte Regel: unter allen Umständen Städte meiden. Schwer einzuhalten, wenn zwei Etappenziele Los Angeles und Seattle heißen.

Am 5. August traf er im Zeltlager seiner Eltern auf Mount Clinton ein, wo er sich von den Anstrengungen der letzten Wochen erholte. Dann machte er sich wieder gen Westen auf.

Kaum hatte er die Grenze zu New Mexico überschritten, rechnete er aus, wie weit es noch nach Los Angeles war. Das Ergebnis: gut 1800 Kilometer, die meisten durch endlose, unbesiedelte Wüsten. Man errät, was als nächstes kam. Ein Telegramm an den Herrn Papa mit der Information über den Fahrpreis nach Los Angeles. In seinem Tagebuch rechtfertigt er die simultane Mißachtung aller drei Regeln: »Ich bin nicht darauf aus, einen Kraftakt zu vollbringen. Mein Geschäft ist das Schreiben und das Predigen des Evangeliums der Schönheit, wann immer ich es für angebracht halte, und nicht etwas zu machen, das mich langweilt, nur um konsequent zu sein.«

In Los Angeles wohnte sein Onkel Johnson Lindsay, bei dem er über einen Monat blieb. Gleich zu Anfang seines Aufenthalts erfuhr er, daß vier Wochen zuvor, während er noch bei den Eltern in Colorado war, der 83jährige »General« William Booth in London das Zeitliche gesegnet hatte. Booth, Gründer der »Christlichen Mission«, aus der später die Heilsarmee hervorging, war für Lindsay ein Heiliger, das Muster tätiger Nächstenliebe. Eine ganze Nacht lang durchstreifte Vachel den Sixth Street Park und formte in seinem Geist ein Gedicht auf den Tod seines Idols. Dann verließ er eine Woche kaum noch sein Zimmer im Haus des Onkels und arbeitete ununterbrochen an dem neuen Werk, das er, eigener Auskunft zufolge, etwa hundertmal umgeschrieben hat.

Nachdem die endgültige Fassung des Gedichts abgeschlossen war, fuhr er mit der Bahn über San Francisco zurück ins heimatliche Springfield. Der Empfang war nicht gerade überschwenglich. Vachel war inzwischen fast 33 Jahre alt und hatte so gut wie nichts geleistet. Die Eltern waren es allmählich leid, den verträumten Sohn zu beherbergen oder, wenn er woanders wohnte, mit Zuwendungen zu unterstützen. Sie ahnten genausowenig wie

Vachel selbst, daß er auf der Schwelle nationalen Ruhmes stand.

Die Lyrikerin Harriet Monroe hatte gerade in Chicago ihre Zeitschrift *Poetry* gegründet, die von der ersten Nummer an ein Erfolg war und sogleich einen enormen Einfluß ausübte. Wer hier einen Beitrag unterbrachte, war geadelt, dem Durchbruch einen bedeutenden Schritt nähergekommen. Die arme Harriet Monroe mußte sich täglich durch Berge von Einsendungen kämpfen, aus denen sie mit einem untrüglichen Gespür für Qualität die wenigen guten auswählte. Neben Gedichten bereits etablierter englischsprachiger Autoren, wie William Butler Yeats, veröffentlichte sie die Werke unbekannter Dichter, die später zum Teil Weltruhm erlangten oder wenigstens in den USA hoch angesehen waren: Ezra Pound, William Carlos Williams, Carl Sandburg, Edna St. Vincent Millay, T. S. Eliot, James Joyce, um nur einige zu nennen. Und eben Vachel Lindsay.

Sein *General Booth* erschien im Januar 1913, in der vierten Nummer von *Poetry*. Das Gedicht schlug ein wie eine Bombe, die Kritik war begeistert; weniger der Inhalt rührte die Gemüter, sondern der völlig neue Ton, der an Banjomusik orientierte Rhythmus. Sofort meldete sich auch ein Verleger, der bald Lindsays ersten Lyrikband publizierte.

Vachel Lindsay war nun berühmt, doch die finanziellen Sorgen blieben – bis zum Lebensende. Seine Haupteinnahmequelle blieben Lesereisen. Nahezu jedes Jahr bereiste er die Vereinigten Staaten, um in Universitäten, vor Frauenclubs, in Gemeindesälen seine Gedichte vorzutragen. Glaubt man zeitgenössischen Berichten, war er ein hervorragender, temperamentvoller Rezitator, zuweilen vielleicht etwas allzu temperamentvoll, wenn er gestikulierend über die Bühne stampfte und das Publikum beschimpfte.

Seine Erfahrungen als Tramp und Hobo hat er immer wieder gestaltet, wovon die Titel seiner Bücher *Adventures While Preaching the Gospel of Beauty* und *Handy Guide for Beggars* zeugen. Wenige Monate vor seinem Tod plante er sogar einen vierten Gewaltmarsch, diesmal von Minocqua im Norden Wisconsins nach Springfield, wo er längst ständig wohnte. Doch schon nach wenigen Meilen mußte er feststellen, daß sich das Land verändert hatte. Der Autoverkehr hatte derart zugenommen, daß ein beschauliches Wandern unmöglich geworden war.

Im Alter von 45 Jahren (und noch immer Jungfrau) hatte er eine 23jährige Bewunderin geheiratet, mit der er zwei Kinder zeugte. War er auf Lesereise, schrieb er ihr täglich glühende Liebesbriefe, war er zu Hause, drohte er ihr Gewalt an und überschüttete sie, unterbrochen von Heulkrämpfen, mit den absurdesten Vorwürfen – sie sei ihm untreu, sie habe ihm seine Unschuld geraubt etc. Wochenlang saß er in seinem Arbeitszimmer, brachte aber allenfalls noch ein paar schwache Verse zu Papier, seine Schöpferkraft war versiegt. Er litt an Depressionen, epileptischen Anfällen und Verfolgungswahn. Seinem Schwiegervater erteilte er Hausverbot, da er überzeugt war, dieser wolle ihn ermorden. Zwei Wochen nach seinem 52. Geburtstag trank er eine Flasche Lysol. Wenige Stunden später war er tot.

Joe Hill

Mitglieder der IWW und viele Hobos trugen, wo auch immer sie waren, ein kleines Buch mit sich: das *Little Red Song Book,* eine Sammlung von zeitgenössischen Arbeiterliedern, die zu allgemein bekannten Melodien gesungen wurden. Der am häufigsten in dieser Sammlung vertretene Autor war Joe Hill, und das populärste seiner Gedichte trug die Überschrift »The Preacher and the Slave« (Der Prediger und der Sklave). Hier ein Auszug:

Long-haired preachers come out every night,
Try to tell you what's wrong and what's right;
But when asked about something to eat,
They will answer in voices so sweet:
You will eat, bye and bye,
In that glorious land in the sky;
Work and pray, live on hay
You'll get pie in the sky when you die.

(Langhaarige Prediger kommen jede Nacht hervor, / Versuchen, dir zu erzählen, was falsch und was richtig ist; / Aber wenn man sie um etwas zu essen bittet, / Antworten sie mit ach so süßen Stimmen: / Bald wirst du essen / In jenem glorreichen Land im Himmel; / Arbeite und bete, lebe von Heu, / Kuchen bekommst du im Himmel, wenn du stirbst.)

Das drückte ziemlich gut aus, was die Hobos und Tramps von den Missionsstationen hielten.

Joe Hill hieß ursprünglich Joel Emmanuel Hägglund und kam 1879 in Schweden zur Welt. Nach dem Tod des Vaters muß er bereits als Kind in einer Seilfabrik arbeiten. 1902 wandert er in die USA aus. Eine Zeitlang lebt er in

New York, dann wird er Hobo und durchstreift jahrelang Amerika bis hin zur Westküste, nimmt alle Jobs an, die sich ihm bieten, erlebt 1906 das Erdbeben in San Francisco, worüber er einen Bericht verfaßt, der in einer schwedischen Zeitung erscheint. 1910 tritt er der IWW bei, 1911 nimmt er in Baja an der Mexikanischen Revolution teil, ein Jahr später taucht er in British Kolumbien auf, wo er Lieder für die streikenden Bahnarbeiter der Canadian Northern Railroad schreibt.

Fortan bilden Streiks seine bevorzugte Inspirationsquelle. Wo auch immer Arbeiter für ihre Rechte kämpfen, ist er zur Stelle und feuert die Genossen mit seinen Songs an, die oft buchstäblich über Nacht entstehen. Bei dieser Arbeitsweise überrascht es nicht, daß seine Werke von schwankender Qualität sind. Doch unterscheiden sich seine Gedichte von der gängigen Agitationslyrik dadurch, daß sie auf Humor und Ironie nicht verzichten, was das oben zitierte Lied beweist. Auch seine wenigen Artikel, die in linken Zeitschriften erscheinen, bedienen sich dieser Stilmittel. Sein oberstes Anliegen ist, wie er einmal bekennt, »die Flammen der Unzufriedenheit zu entfachen«.

Hill war übrigens auch ein begabter Karikaturist, und seine Cartoons schmückten spätere Auflagen des *Little Red Song Book*. Immer achtete er darauf, daß seine Gedichte gut und leicht zu singen waren, wobei ihm sein musikalisches Talent zustatten kam. Er spielte nicht nur Klavier, sondern auch Akkordeon, Banjo und Gitarre.

Binnen zweier Jahre war Joe Hill zum führenden Barden der Arbeiter und Hobos geworden – und somit ein Dorn im Auge der Arbeitgeber, die auf eine Gelegenheit warteten, sich seiner zu entledigen.

Die kam im Januar 1914. In Salt Lake City, Utah, der Hauptstadt der Mormonen, in der Hill sich aufhielt, war ein Lebensmittelhändler erschossen worden. Hill wurde verhaftet und unter Mordanklage gestellt. Was folgte, war einer der größten Justizskandale der USA. Es wurde wichtiges Beweismaterial zurückgehalten, und dem Umstand, daß Hill den Ermordeten nicht kannte, kein Motiv hatte und kein einziger Zeuge des Tathergangs Hill zu identifizieren vermochte, wurde keinerlei Bedeutung beigemessen. Dafür wurde der Brief eines kalifornischen Polizeichefs verlesen, der Hill einmal widerrechtlich verhaftet hatte, weil dieser Hafenarbeiter für die IWW anzuwerben versuchte. Der Wortlaut des Briefes an den Kollegen in Salt Lake City: »Mir gelangte zur Kenntnis, daß Sie einen Joseph Hillstrom wegen Mordes verhaftet haben. Sie haben den richtigen Mann. Er ist gewiß ein unerwünschter Bürger. Er ist so etwas wie ein Musiker und ein Songschreiber für das IWW-Liederbuch.« Ein überzeugenderer Beweis war wirklich kaum denkbar. Wer Lieder schreibt, begeht wahllos Morde. Hill wurde für schuldig befunden und zum Tode verurteilt.

Das war selbst der reaktionären amerikanischen Presse zuviel – außer in Utah. Die Mormonen, schon immer dem großen Geld zugetan, jubelten ob dieses Triumphs der Gerechtigkeit. Die IWW setzte sich vehement für ein Wiederaufnahmeverfahren ein, die schwedische Regierung und Präsident Woodrow Wilson erhoben Einspruch. Vergebens, an der mormonischen Wahrheitsfindung gab es nichts zu rütteln. Freunde legten Hill nahe, ein Gnadengesuch einzureichen, dem mit Sicherheit stattgegeben werden würde. Doch Hill antwortete: »Nicht Gnade will ich, sondern Gerechtigkeit. Und wird mir diese nicht zuteil, gehe ich lieber unter, als daß ich um Gnade bitte.«

Am Tag vor seiner Hinrichtung schrieb er in der Todeszelle sein Testament, das Augustin Souchy übersetzt hat:

Mein Testament soll bescheiden und demütig sein,
Denn gar nichts auf Erden, ihr Freunde, ist mein.
Vergebens, ihr Lieben, ist all euer Klagen,
Bäume im Hagel, wie könnten sie Früchte tragen?
Mein Leib? Ich darf meinen Wunsch euch bekennen!
Laßt ihn zu Asche, den morschen, verbrennen!
Laßt Stürme und Winde durch Länder sie blasen,
Laßt Ruhe sie finden auf blumigen Rasen!
Vielleicht wird einst die sterbende Blume
Noch irgendwann aufblüh'n, der Blüte zum Ruhme.
Zum Schluß: Glück auf! Dem, der es so will;
Mein letzter Wille ist's – euer Joe Hill.

Und an Bill Haywood, den Vorsitzenden der IWW, telegrafierte er: »Trauert nicht, organisiert!« Am 19. November 1915 wurde er vor ein Erschießungskommando gestellt. Er war 36 Jahre alt.

Roger Payne

Wie Vachel Lindsay war auch Roger Payne überzeugt, eine Mission zu erfüllen, wenn er durch die Lande zog und seine Weisheiten predigte, obgleich diese ganz anderer Natur waren als die des frommen Lyrikers. Mit Gedichten und Religion hatte Payne nichts am Hut. Es ging ihm darum, seinen Zeitgenossen nachzuweisen, daß sie zuviel arbeiteten.

Payne kam 1874 in England zur Welt. Nach Abschluß einer Drogistenlehre ließ er sich zum Apotheker ausbilden. Danach studierte er im Cambridge Naturwissenschaften und Jura und erwarb zwei akademische Grade: Bachelor of Arts und Bachelor of Laws. Doch ein Leben in Kanzleien oder Apotheken konnte sich Payne nicht vorstellen, er wollte im Freien arbeiten, weswegen er eine kleine Obstfarm kaufte und bald feststellte, daß diese sich mit minimalem Aufwand bewirtschaften ließ, etwa fünfzig Arbeitstage jährlich genügten. Während der übrigen Zeit bereiste er England und den europäischen Kontinent. 1908 verkaufte er die Farm und wanderte nach Amerika aus. Die ersten sieben Jahre war er im Baugewerbe tätig, wobei er nie länger als drei Tage wöchentlich arbeitete. Was er am ersten Tag verdiente, genügte ihm für den Lebensunterhalt der ganzen Woche. Den Verdienst des zweiten und dritten Tags legte er als Altersvorsorge auf die hohe Kante. Schließlich hängte er auch diese Tätigkeit an den Nagel, um fortan als Hobo durch Amerika, Kanada und Mexiko zu ziehen und nie länger als einen Tag pro Woche zu arbeiten. Wo er auch hinkam, er wurde nicht müde, seine Ansichten zu verkünden, Ansichten, die er im Gegensatz zu den christlichen Weltverbesserern vorlebte, durch sein eigenes Beispiel zu beweisen vermochte. 1939 veröffentlichte er ein 400 Seiten starkes Buch, das den Titel *Why Work?* trug, »Warum arbeiten? Oder das kommende Zeitalter der Freizeit und des Überflusses«.

Das Buch erregte einiges Aufsehen, da es offenbar nicht das Werk eines Spinners war, sondern eines belesenen, intelligenten Autors, dessen sozialkritische Argumente nicht so ohne weiteres von der Hand zu weisen waren. Es kostete 2 Dollar 50, war also für die meisten Hobos unerschwinglich, weswegen Payne, der sich der Hobophilosoph und moderne Diogenes nannte, eine Broschüre für 10 Cent herausgab, in der er seine Gedanken zusammenfaßte, die übrigens nicht durchwegs neu waren. Einiges findet man in Paul Lafargues berühmtem Essay »Ein Recht auf Faulheit« vorformuliert. Dieser Titel war freilich eine satirische Anspielung auf die Forderung seines berühmten Schwiegervaters Karl Marx: ein Recht auf Arbeit.

Paynes wichtigsten Thesen lauten: Maschinen können die Arbeit, die noch immer von Menschen verrichtet wird, besser, billiger und effektiver leisten. Setzt man Maschinen konsequent und sinnvoll ein, entsteht zunächst ein Heer von Arbeitslosen, das aber sofort wieder eingesetzt werden kann, wenn man die Arbeitszeit radikal verkürzt – am besten auf einen Tag wöchentlich. Durch die zusätzliche Verstaatlichung oder Kollektivierung der Produktionsmittel können Waren schließlich billiger angeboten werden, was den Verkauf fördert. Im Gegensatz zu den kommunistischen Staaten soll dieser wirtschaftliche Umwandlungsprozeß jedoch in einem demokratischen Gefüge verwirklicht werden. Payne selbst weist darauf hin, daß er eine Utopie malt, die so, wie er sie darstellt, wohl nie verwirklicht werden wird. Aber wenigstens könne man in die von ihm skizzierte Richtung streben.

Einen Widerspruch in seiner Argumentation hat er wohl nicht bemerkt: Er spricht von der Verbilligung der Waren, was den Konsum steigern würde, fordert aber gleichzeitig, die Menschen sollten sich auf das Notwendigste beschränken und der Versuchung, Luxusgüter zu erwerben, widerstehen.

Frauen, sagt er, seien die benachteiligtsten Opfer des bestehenden ökonomischen Systems. Ohne einen Cent Lohn zu erhalten, seien sie für den Haushalt und die Kindererziehung verantwortlich. Er schlägt vor, Miethäuser mit Kindergärten und Großküchen auszustatten, was die Arbeit der Hausfrauen und Mütter auf ein notwendiges Minimum reduzieren würde.

Am Ende seiner Ausführungen wendet sich Payne der

Frage zu, was man, sind seine Ideen erst einmal realisiert worden, mit der vielen Freizeit anfangen soll. »Viele Leute meinen, man könne Freizeit nur im Müßiggang, im Laster oder im Gefängnis verbringen.« Er macht fünf Gegenvorschläge, wofür man Zeit aufwenden kann:

1. Für das intellektuelle Leben: ein Leben, der Kultivierung des Geistes gewidmet, so daß man wirklich denken lernt und etwas vom Sinn des Lebens und der wunderbaren Welt, in der wir leben, versteht.
2. Für das künstlerische Leben: ein Leben, das der Entwicklung unserer kreativen Fähigkeiten und unserem Verständnis des Schönen in der Musik, Malerei, Bildhauerei, Lyrik etc. gewidmet ist.
3. Für das religiöse Leben: ein Leben, das Gottes Reich (d. h. Gütigkeit) auf Erden zu verwirklichen sucht.
4. Für Reisen. Man sollte nicht allein darum auf Reisen gehen, um sich etwas anzusehen, sondern um ein Auge für die Schönheiten der Welt zu bekommen und etwas über ihre Wunder und Bewohner zu begreifen.
5. Für Erholung und Spiel. Das ist ein äußerst notwendiger Bestandteil des Lebens, sollte aber nicht allzu viel unserer Zeit beanspruchen.

Als Payne das alles schrieb, waren mancherorts sechs Arbeitstage zu zwölf Stunden noch keine Seltenheit. Durch die Arbeitszeitverkürzung in den meisten Industrienationen steht den Menschen natürlich sehr viel mehr Freizeit zur Verfügung als früher. Payne konnte nicht ahnen, daß sich dieser Menschen eine gnadenlose Freizeitindustrie bemächtigt, welche die »Kultivierung des Geistes« und »die Entwicklung unserer kreativen Fähigkeiten« geradezu erstickt.

Ches McCartney, the Goat Man

Ehe man ihn sah oder hörte, roch man ihn. Wenn Ches McCartney sich einem Dorf oder einer Ortschaft näherte und der Wind ungünstig stand, kündigte ein strenger Geruch sein Kommen an. Der märchenhafte Gestank rührte von den gut dreißig Ziegen her, die zwei Wagen mit den irdischen Gütern McCartneys zogen.

Hatte er einen Platz für die Nacht gefunden, entfachte er ein Lagerfeuer, um sein Abendessen zu kochen. Dabei entzündete er nicht nur Holz, sondern in aller Regel auch einen alten Autoreifen, den er unterwegs aufgelesen hatte. Brennendes Gummi, versicherte er, ersetze die Gewürze und verleihe seinen Mahlzeiten ein wunderbares Aroma. Doch das war nicht alles. Amerikas bizarrster und populärster Landstreicher hielt nicht viel von Körperpflege; freimütig gestand er, seit Jahrzehnten kein Bad mehr genommen zu haben. Wo er auch auftauchte, er war sofort von Leuten umringt, denen er aus seinem Leben erzählte oder Gottes Wort predigte, allerdings in einer Sprache, die man weniger von Kanzeln als in Hafenspelunken zu hören gewohnt war. Als ihm ein Zuhörer einmal vorschlug, sich zu waschen, um eine noch größere Menschenmenge anzuziehen, fragte der Goat Man: »Wann haben Sie das letzte Mal geduscht?« – »Heute früh natürlich«, sagte der Mann. – »Und wie viele Leute wurden seitdem bei Ihnen vorstellig?« – »Keine«, lautete die Antwort. – »Sehen Sie, und bei mir waren bereits dreihundert.«

Die Gerüche, die er verströmte, wurden auch durch seine Gewohnheit nicht besser, sich in kalten Nächten – er schlief im hinteren der beiden Wagen – mit der einen oder anderen Ziege zuzudecken. Sank das Thermometer auf null Grad, war das eine Ein-Ziegen-Nacht, herrschten minus zwanzig Grad, sprach er von einer Fünf-Ziegen-Nacht. Obwohl er alles andere als ein Misanthrop war, zog er die Gesellschaft seiner Tiere der menschlichen vor:

> *Die Ziegen haben mich während der letzten dreißig Jahre eine Menge gelehrt. Es ist ihnen beispielsweise egal, wie ich rieche oder aussehe. Sie vertrauen mir und glauben an mich, was mehr ist, als ich über viele Menschen sagen kann.*

Charles (Ches) McCartney kam 1901 als Sohn eines Farmerehepaars in Iowa zur Welt. Ziemlich früh beschloß er, ein Leben im Freien zu verbringen, weswegen er regelmäßigen Schulbesuch für überflüssig erachtete. Gleichwohl war er bestrebt, seinen Horizont zu erweitern. Irgendwo schnappte er auf, daß einem das am besten in New York gelänge. Mit vierzehn Jahren haute er von zu Hause ab und schlug sich als Hobo zur Ostküste durch.

In New York, wo es ihm ausnehmend gut gefiel, verdiente er zwei Jahre lang als Zeitungsverkäufer sein Brot. In dieser Zeit lernte er eine spanische Messerwerferin kennen, in die er sich Hals über Kopf verliebte. Die zehn Jahre ältere, freischaffende Artistin erwiderte seine Gefühle und heiratete ihn auf der Stelle. Das junge Paar trat fortan jeden Abend in einer Kneipe auf. Ches lehnte sich gegen eine mannshohe Zielscheibe, und Madame schleuderte zwei Dutzend Messer in haarscharfe Körpernähe ihres Gatten. Schließlich gingen sie mit ihrer Nummer auf die Walz, verdienten nicht schlecht dabei, gaben das Wanderleben aber auf, als die Spanierin schwanger wurde. Von ihren Ersparnissen kauften sie in Iowa eine kleine Farm und zwei Pferde. Sie bauten Gemüse an und hielten nebenbei Hühner und Ziegen. Alles lief prächtig, bis auch sie Opfer der Depression wurden. Eine Kältewelle vernichtete die Ernte, die beiden Pferde starben und ein niederstürzender Baum zertrümmerte McCartneys rechten Arm. Er bat die lokale Bank um einen Kredit. Den wollte man ihm nur für neun Monate gewähren und unter Verpfändung seiner Farm. McCartney lehnte ab und versuchte, die Felder mit Hilfe seiner Ziegen zu pflügen, was natürlich nicht klappte. In der Scheune standen noch zwei alte Wagen. Ches belud sie mit Haushaltsgeräten, seiner Frau und dem Sohn Gene, spannte die Ziegen davor und machte sich gen Süden auf. Irgendwie würde man schon über die Runden kommen. Die feurige Spanierin verliebte sich unterwegs in einen anderen Mann, mit dem sie kurzentschlossen durchbrannte. Ches setzte seinen Weg fort.

Er war weder ein Hobo, da er nicht arbeitete, noch ein Tramp, da er nicht bettelte oder stahl. Am zutreffendsten bezeichnet man ihn als Landstreicher. Geld verdiente er durch den Verkauf von Postkarten, die ihn mit seinen Ziegen und Wagen zeigten. Der vordere Wagen war vollgeladen mit Gerümpel: Alteisen, Ziegenhörnern, Vogelkäfigen, Windrädern, Laternen, Seilen, Zweigen, Drähten, Töpfen, Pfannen, Flaschen, Nummernschildern und Heu. Die Postkarten verkaufte er übrigens zu 15 Cent das Stück oder drei Karten für 50 Cent. Nahezu jedermann erwarb drei Karten.

1958 beschloß Ches McCartney, Präsident der Vereinigten Staaten zu werden. Er war überzeugt, von der Demokratischen Partei aufgestellt zu werden. Bis zur Nominierung des Präsidentschaftskandidaten sollten zwar noch zwei Jahre vergehen, aber mit dem Wahlkampf konnte man nicht früh genug anfangen. Er rechnete sich gute Chancen aus, da er, im Gegensatz zu seinen Rivalen, sämtliche Staaten Amerikas (bis auf Hawaii) bereist hatte und sich somit allgemeiner Bekanntheit erfreute. Eines seiner wichtigsten Versprechen war, im Falle eines Wahlsiegs seine Ziegen nicht auf dem Rasen vor dem Weißen Haus grasen zu lassen. Doch er schied vorzeitig aus dem Rennen aus, da ihn, wie zu erzählen er nicht müde wurde, John F. Kennedy in einem langen Gespräch gebeten hatte, ihm keine Konkurrenz zu machen. McCartney zog seine Kandidatur zurück, Kennedy konnte aufatmen und wurde, wie wir wissen, nominiert und zum Präsidenten gewählt.

Zehn Jahre später setzte sich der Goat Man zur Ruhe. Er bezog eine Zwei-Zimmer-Hütte auf einem großen Grundstück bei Jeffersonville, Georgia. 1978 brannte die Hütte ab, McCartney kam mit ein paar Brandverletzungen davon. Die nächsten Jahre lebte er dann in einem ausrangierten Schulbus ohne Strom und ohne Wasser. Strom brauchte er nicht, da er früh zu Bett ging, und Wasser brauchte er nicht, da er nur Ziegenmilch trank und sich nach wie vor nicht wusch. Als er einmal eine Klinik aufsuchen mußte, verordnete der diensthabende Arzt erst einmal ein Vollbad. Ches sträubte sich buchstäblich mit Händen und Füßen. Seine Religion verbiete ihm die Berührung mit Wasser, behauptete er, würde sein Bart naß werden, wäre eine Erkältung die sichere Folge. Drei kräftige Krankenhelfer waren vonnöten, um den störrischen Mann zu entkleiden und in eine Badewanne zu zwingen. Zweifellos einer der schwärzesten Tage im Leben des Ziegenmannes. Niedergeschlagen und wohlriechend zog er nach der Behandlung zurück in seinen Schulbus. Sein Lebensmut erwachte bald wieder, sah er doch in einer Illustrierten ein Foto des Filmsternchens Morgan Fairchild. Er verliebte sich sofort in die damals fünfunddreißigjährige Schauspielerin. Kurz entschlossen begab sich der erfahrene Landstreicher, er war gerade 84 geworden, auf den Weg nach Hollywood, um seiner Flamme den Hof zu machen. Da er niemandem etwas von seinem Trip gesagt hatte, gaben besorgte Nachbarn nach mehreren Wochen eine Vermißtenanzeige auf. Sie waren nicht schlecht erstaunt, als die Polizei ihnen mitteilte, Mr. McCartney werde in einem Krankenhaus in Los Angeles behandelt. Kurz vor Erreichen seines Reiseziels war er überfallen, ausgeraubt und verletzt worden. Nachdem er wiederhergestellt war, wurde er per Flugzeug nach Georgia verfrachtet.

1987 begab er sich in die Obhut eines Altenheims. Er haute nur gelegentlich ab und kehrte immer nach wenigen Tagen zurück, wohl weil er Sehnsucht nach seiner neuen Freundin hatte – sie hieß Virginia Tanner, lebte ebenfalls in dem Heim und gab ihr Alter mit 66 an, während Ches behauptete, 103 zu sein. In Wirklichkeit waren beide 87.

Nachdem ihm ein Zeh amputiert worden war, beschloß er, nie wieder einen Arzt in seine Nähe zu lassen. Möglicherweise keine schlechte Entscheidung. Er starb im November 1998 im Alter von 97 Jahren. Betagte Menschen werden gerne gefragt, welchem Geheimnis sie ihre ungewöhnlich lange Lebensspanne verdanken. Für den Goat Man galten schon früh drei Maximen: Ärzte meiden, jeden Tag einen Liter Ziegenmilch trinken und sich niemals waschen.

Harry Partch

Jeder weiß, was eine Oktave ist: der Tonraum zwischen zwei gleichnamigen Tönen, also etwa c bis c' oder e bis e', wobei der höhere Ton exakt doppelt so viele Schwingungen pro Sekunde enthält wie der tiefere. Wenn man das a mit 440 Schwingungen festsetzt, so erklingt das a' mit 880 Schwingungen. Den Tonraum zwischen zwei gleichen Tönen kann man theoretisch in eine Tonleiter von 439 Tonstufen aufteilen. In der abendländischen Musik wurde eine Einteilung von acht Tönen beziehungsweise zwölf Halbtönen üblich. Aber es gibt auch Kulturen, in denen sich beispielsweise eine fünftönige Skala durchgesetzt hat.

Harry Partch, einer der größten und innovativsten amerikanischen Komponisten des 20. Jahrhunderts, hat für seine Musik die Oktave in 43 Stufen eingeteilt, ein kompliziertes System, das er in seinem umfangreichen Buch *Genesis of a Music* erklärt hat. Selbstverständlich lassen sich Werke, die auf einer derart kleinstufigen Skala basieren, nicht mit konventionellen Instrumenten realisieren, weswegen Partch sich die notwendigen Musikinstrumente selbst baute. Das bedeutete aber auch, daß er Schüler finden mußte, die bereit waren, diese Instrumente unter seiner Anleitung zu erlernen. Die fand er, und die meisten seiner Werke wurden auch zu seinen Lebzeiten aufgeführt. Da aber diese Instrumente lediglich als Unikate existierten und nur ganz wenige Musiker sie beherrschten, waren der Verbreitung von Partchs Musik enge Grenzen gesetzt, und nach seinem Tod gerieten die Werke fast völlig in Vergessenheit. Erst in neuerer Zeit wurden die Instrumente wieder nachgebaut, und der mutigen Firma Wergo ist es zu verdanken, daß das Werk von Harry

Partch auf CDs konserviert wird und eine Wiederbelebung erfährt.

Was hat das alles mit den Hobos zu tun? Partch war ein Mensch, der nicht nur in seinem Schaffen, sondern auch im Leben radikal mit allen Traditionen und Konventionen brach. Die abendländische Musik von Bach bis Schönberg langweilte ihn, die Musik der amerikanischen Indianer oder der Chinesen faszinierte ihn weit mehr. Einen bürgerlichen Beruf zu ergreifen kam für ihn nie in Frage, da fand er das Leben der Hobos und Tramps schon sehr viel attraktiver. Mitbestimmt wurde sein Entschluß von der Notwendigkeit, irgendwie über die Runden kommen zu müssen, denn Partchs Wanderjahre fallen in die Zeit der Depression. Zunächst hatte der eigenwillige Komponist sich mit Stipendien, die er unermüdlich beantragte, über Wasser halten können. Als diese ausblieben, nahm er jede Arbeit an, mit der er ein paar Dollar verdienen konnte. »Nach Jahren verschiedener Jobs in Los Angeles und San Francisco rebellierte ich«, schrieb er später in einem Brief.

Ich hatte in meiner Jugend so häufig im Freien gelebt, und ich verabscheute dieses ereignislose Leben, die Stechuhren, ja sogar weiche Betten und regelmäßige Mahlzeiten. So warf ich [Ende 1929] meinen Job in Sacramento hin und fing als Erntehelfer an. Damals war ich erstmals ein echter Hobo, und zwar zu einer Zeit, da es ziemlich leicht war, Jobs zu finden.

Harry Partch kam 1901 in Oakland, Kalifornien, zur Welt. Seine Eltern hatten als Missionare in China gearbeitet. Der Vater war aber allmählich vom rechten Glauben abgefallen, weswegen er sich von der Kirche lossagte und wenige Monate vor Harrys Geburt mit seiner Frau in die Heimat zurückkehrte. Er wurde auf Grund seiner Sprachkenntnisse bald zum Chinese Inspector des U.S. Immigration Service ernannt und nach Benson, einem Kaff im Süden Arizonas, versetzt. Das Haus, das man etwas außerhalb der Ortschaft bewohnte, war angefüllt mit Musikinstrumenten und chinesischen Büchern. Die Mutter sang Harry chinesische Wiegenlieder vor und erteilte ihm den ersten Musikunterricht. Auch mit den mexikanischen Yaqui-Indianern, die sich in der Nähe Bensons niedergelassen hatten, und ihren Gesängen wurde er schon im Vorschulalter vertraut. Frühkindliche Prägung nennt man so etwas.

1913 zieht die Familie nach Albuquerque, New Mexico, wo Harry 1919 den Gymnasiumsbesuch abschließt. Im selben Jahr stirbt der Vater, und die Mutter zieht mit den Kindern nach Los Angeles. Wenig später kommt sie bei einem Verkehrsunfall ums Leben. Harry, der inzwischen ein beachtlicher Pianist ist und zahlreiche Klavierkompositionen vorzuweisen hat, schreibt sich in der School of Music der University of Southern California ein, ist aber von seinen Lehrern derart enttäuscht, daß er nach drei Semestern das Studium aufgibt, nach San Francisco geht und Stammgast in den Mandarin-Theatern wird. Noch häufiger ist er in öffentlichen Büchereien anzutreffen. Er leiht alle Bücher über Musiktheorie aus, die in den Magazinen vorrätig sind.

Sein Damaskus war die Lektüre der englischen Übersetzung eines Werkes des deutschen Wissenschaftlers Hermann Helmholtz: *Die Lehre von den Tonempfindungen als physiologische Grundlage für die Theorie der Musik*. Aus den Erkenntnissen dieses Buches entwickelte Partch seine eigene Theorie, was zweierlei zur Folge hatte: Er verbrannte alles bis dahin Komponierte, und er fand allmählich zu seinem eigenen, unverwechselbaren Stil, der sich allerdings erst Jahre später in seinem ersten gültigen Opus manifestieren sollte.

Dieses Stück, zwischen 1941 und 1943 entstanden und danach mehrfach überarbeitet, trägt den Titel *The Wayward* (etwa: der Ungeratene, Eigensinnige), ist eine vierteilige Komposition, die auf geschriebenen und gesprochenen Hobotexten basiert und nach Ansicht einiger Experten ein Schlüsselwerk der modernen Musik ist. Unter anderem hat Partch Graffititexte und den Brief eines Hobofreunds vertont.

Die Stationen, die zu *The Wayward* führten, lauten: frühzeitige Begegnung mit exotischer Musik, die Lektüre eines Buches von Hermann Helmholtz, Erfahrungen als Hobo. Und die sammelte er acht Jahre lang, von 1935 bis 1943. Zu Anfang dieser Zeit führte er ein Tagebuch, das später unter dem Titel *Bitter Music* veröffentlicht wurde und das er bereits mit zahlreichen Vertonungen seiner Gespräche mit Leidensgenossen versehen hatte. Jede Einzelheit beobachtete er, hielt er fest:

> 29. *August [1935]. Wir gewöhnlichen Tippelbrüder im Lager bekommen monatlich $ 5,00 oder $ 2,50 alle vierzehn Tage, sofern wir auf Tabak verzichten. Der eine oder andere erhält einen höheren Lohn – $ 8,50, $ 13,00 und $ 25,00 monatlich. Das gilt für Männer mit besonderen Jobs, wie Köchen oder Lastkraftwagenfahrern. In diesem Lager, wie in den beiden früheren, bilden jene, die mehr als $ 5,00 monatlich erhalten, eine kleine Tippelbruderaristokratie. Sie nehmen ihre Mahlzeiten an gesonderten Tischen ein und verkehren nur widerwillig mit uns plebejischen Tippelbrü-*

> *dern. Ich sehe gerade einen zum Klo gehen. Hat eine 8-Dollar-50-Miene. Armer Wicht! Er muß seinen Piephahn dem Geruch des Fünfdollarurins aussetzen!*

Er schildert Naturschönheiten, die Liebesbeziehung zu einem anderen Hobo, kleine Erlebnisse:

> *14. November [1935]. Ich spaziere durch den Park und finde fünfundvierzig Cent im Gras. ›So ein Glück!‹ sage ich beim Weitergehen, aber ich drehe mich um und sehe einen dicken Mann, der jene Stelle im Gras durchwühlt. Instinktiv kehre ich um, die fünfundvierzig Cent in der Hand, bereit, sie zurückzugeben. Ehe ich den dicken Mann erreiche, sehe ich auch eine elegante Lady, die in einem Hochglanzauto bei laufendem Motor wartet. Ich drehe um und verkrümele mich schnell ins Gebüsch.*

Nicht immer findet Partch einen Job. Dann geht er von Tür zu Tür und bettelt um einen Bissen zu essen, wird aber meistens abgewiesen. Schafft er es nicht rechtzeitig zu einem der Obdachlosenheime, die um 22 Uhr schließen, muß er im Freien übernachten. In den meisten Gegenden der USA sind die Nächte bereits im Herbst bitterkalt. Allmählich fordert die Gesundheit ihren Tribut. Partch bemüht sich weiterhin um ein Stipendium, weist auf seine Forschungen hin, die Notwendigkeit, diese fortzusetzen, auf seinen Wunsch, zu komponieren und neue Instrumente zu bauen. Er erhält eine Absage nach der anderen und sieht keine andere Möglichkeit, als weiterhin als Hobo seinen spärlichen Lebensunterhalt zu verdienen. Zwischendurch ist er kurz als Korrektor in Arizona angestellt und avanciert bald zum Mitarbeiter am *Arizona*

State Guide, einem von der Regierung finanzierten Projekt. Er versteht sich mit seinem Vorgesetzten nicht, kündigt und geht wieder auf Wanderschaft. Über diesen zweiten Abschnitt seiner Hobozeit ist fast nichts bekannt. Er führt kein Tagebuch mehr, schreibt keine Briefe. Wir wissen nur, daß er an der Syphilis erkrankte und im April 1941 in einer Klinik in Monterey, Kalifornien, behandelt wurde.

Im Sommer desselben Jahres erhielt er eine Einladung nach Chicago. Der Freund eines Freundes hatte von seinen Experimenten erfahren und bot ihm eine Wohnung an. »Nachdem ich mehr als sechs Jahre die Depression in Kalifornien durchgemacht hatte«, schreibt er voller Ironie in *Genesis of a Music,* »ergriff ich begeistert die Gelegenheit, die Depression im Mittleren Westen kennenzulernen.«

War Harry Partch nun auch kein Hobo mehr, zur Ruhe kam er nicht. Gezwungenermaßen zog er von einem Ort zum anderen, wo er gerade Gönner fand, eine befristete Dozentur an einer Universität oder einen Unterstand für seine wachsende Sammlung selbstgebauter Instrumente. Seine großen Werke *The Bewitched, Revelation in the Courthouse Park, Water! Water!* und *Delusion of the Fury*, allesamt Synthesen aus Oper und Tanztheater zu selbstgeschriebenen Libretti und höchste Ansprüche an die Musiker stellend, wurden, wie gesagt, zu seinen Lebzeiten aufgeführt und von Kritik und Zuhörern begeistert aufgenommen. Gegen Ende seines Lebens zog sich Harry Partch nach San Diego zurück, wo er 1974 an Herzversagen starb.

Er hat nie ein Publikum gehabt, sondern eine Gemeinde. Daran hat sich bis heute nichts geändert.

Woody Guthrie

Ein Musiker ganz anderer Prägung war Woody Guthrie. Bis heute gilt er als der bedeutendste Vertreter des amerikanischen Folksongs, obwohl oder weil er mit seinen zahllosen zeitgenössischen und späteren Kollegen nur wenig gemein hat. In einem unterschied er sich von allen anderen: Er war links. Die meisten Folk-, Hillbilly-, Blue-Grass-, Country- und Westernsänger waren und sind reaktionär, preisen in ihren Liedern die »traditionellen amerikanischen Werte« und eine Cowboyromantik, die es in Wirklichkeit nie gegeben hat. Studs Terkel hat einmal aufgezählt, was für Lieder Guthrie geschrieben und vorgetragen hat: »Dustbowl-Lieder, Hobo-Lieder, Kinderlieder, Arbeitslieder, Faulenzlieder, Kriegslieder, Friedenslieder, Gewerkschaftslieder, Fluß-und-Damm-Lieder, Lieder einsamer Turteltauben, gemütliche Schunkellieder, Lieder, unendlich in ihrer Vielfalt, das Wunder des Menschen zu feiern.« Pete Seeger, Lee Hays und Cisco Huston, die mit ihm zusammen aufgetreten waren, aber auch Bob Dylan hatten ihn zu ihrem Lehrmeister und Vorbild erklärt.

In zweierlei Hinsicht war Guthrie Harry Partch nicht unähnlich: er war ein kompromißloser Einzelgänger und hatte einen stark ausgeprägten Drang zum Wander-, zum Hoboleben.

Er kam 1912 in Okemah, einem Kaff in Oklahoma, zur Welt. Der Vater, ein Gerichtsbeamter, hatte als Bodenspekulant kurze Zeit Erfolg, ehe es mit seinen Geschäften und seiner Familie bergab ging. Die Mutter, eine zu Schwermut neigende Frau, konnte Klavier spielen und machte ihre Kinder mit allen möglichen Volksliedern vertraut, bis sie später für den Rest ihrer Tage in eine Nervenheilanstalt eingeliefert wurde. Um etwas zum Lebensunterhalt der Familie beizutragen, zog Woody als Lumpensammler durch seinen Heimatort. Während dieser Streifzüge lernte er alle möglichen Bums kennen, gestrandete Existenzen, zu denen er sich hingezogen fühlte und die ihm Geschichten aus ihrem Leben erzählten. Schon vorher hatte er Bekanntschaft mit einem Tramp gemacht, und zwar im Kino. Er und seine Mutter kannten kein größeres Vergnügen, als sich im örtlichen Nickelodeon Chaplinfilme anzusehen. Woody hatte um so mehr für den Komiker übrig, da auch er klein und schmächtig war und einen Wuschelkopf hatte. Entscheidender für seinen künftigen Lebensweg war jedoch die Entdeckung eines Musikinstruments: ein schwarzer Schuhputzer schenkte Woody eines Tages eine Mundharmonika. Die Schule besuchte er fortan noch seltener – er war voll damit beschäftigt, sich die Kunst des Mundharmonikaspiels beizubringen.

Mit vierzehn Jahren empfand Woody das Leben zu Hause als derart unerträglich, daß er immer öfter sogar auf sein Frühstück verzichtete, um möglichst schnell dem Familienhorror zu entrinnen. Inzwischen beherrschte er sein Lieblingsinstrument so gut, daß er sich mit seiner Musik die tägliche Mahlzeit erbetteln konnte. Immer öfter zog er eine Parkbank dem häuslichen Bett vor. Zuweilen machte sich sein Vater auf die Suche nach dem Sohn und brachte ihn heim – oder blieb den Rest der Nacht selbst fort. In kürzer werdenden Abständen hatte die Mutter sich angewöhnt, ihren Mann tätlich anzugreifen, mit Geschirr zu werfen oder Feuer zu legen. Ihre Krankheit hatte bedrohliche Formen angenommen.

Woody zog mit Freunden in eine Wellblechhütte – die Guthries lebten inzwischen in Pampa, Texas –, das Essen wurde gestohlen, geschnorrt oder mit Mundharmonikamusik erbettelt. Gelegentlich auch mit Stückchen auf einer Gitarre, die Woody irgendwo aufgetrieben hatte, ein Instrument, das er allerdings immer nur leidlich beherrschte.

Sandstürme fegten plötzlich über den Südwesten der USA, jahrelang. Es regnete nicht mehr, jahrelang. Hinzu kam noch der berühmte Schwarze Freitag im Oktober 1929, an dem die Börsenkurse an der New Yorker Börse in den Keller purzelten. Die Vereinigten Staaten steckten in der schlimmsten Wirtschaftskrise ihrer Geschichte. Fast sämtliche Farmer des Südwestens standen über Nacht vor dem Ruin. Zudem war das Land seit 1921 von völlig unfähigen Präsidenten, allesamt Republikaner, regiert worden: Warren G. Harding, Calvin Coolidge und ab 1929 Herbert Hoover, der die Ansicht vertrat, Wirtschaftskrisen müßten auf regionaler Ebene gelöst werden und gingen die Regierung nichts an. Immerhin legte er durch sein Versagen den Grundstein zum Wahlerfolg von Franklin D. Roosevelt, der das Land schließlich wieder zu Wohlstand führen und Hitler besiegen sollte.

Am 31. Oktober 1929 meldeten fünftausend Banken Konkurs an, neun Millionen Sparkonten hatten sich in nichts aufgelöst. Und es hieß, die Spekulanten würden an den Fenstern der Wolkenkratzer Schlange stehen, um sich hinunterzustürzen. Tatsächlich zog der Börsenkrach eine nie dagewesene Selbstmordwelle nach sich.

Gert Raeithel bemerkt in seinem dreibändigen Werk *Geschichte der nordamerikanischen Kultur:*

> *In Pennsylvania lebte ein Drittel der Bevölkerung von der Fürsorge. In Chicago waren 40 Prozent der Einwohner oder 700 000 ohne Arbeit. Das Nationaleinkommen schrumpfte zwischen 1929 und 1932 um die Hälfte. 1933 war die Zahl der Arbeitslosen auf 12 bis*

> *13 Millionen gestiegen. Hoover plädierte für eine Erneuerung des Vertrauens, aber der Volksmund nannte die Ansammlungen von Elendsquartieren aus Wellblech, Pappe, alten Türen und Ofenrohren* Hoovervilles. *(…) Über eine Million Menschen begaben sich auf die Wanderschaft, auf die Suche nach Arbeit …*

Präsident Roosevelts New Deal, ein ganzes Bündel aus Reformen und Maßnahmen zur Arbeitsbeschaffung, vermochte die Not vielerorts und an vielen Fronten zu lindern, doch nicht zu beseitigen. Kein Wunder, daß die Arbeiterbewegung noch einmal erstarkte, daß die Kommunistische Partei Amerikas (CPUSA) zum ersten und letzten Mal in ihrer Geschichte im Aufwärtstrend lag, eine kleine Rolle spielte. 1924 hatte sie bei den Wahlen 33 000 Stimmen erhalten, acht Jahre später mehr als das dreifache. Aber schon bei den nächsten Präsidentschaftswahlen war die Zahl wieder rückläufig. Gleichwohl, kommunistisches Gedankengut war plötzlich en vogue, nicht nur bei Arbeitern und Schriftstellern. Noch einmal Gert Raeithel:

> *Man hat die dreißiger Jahre auch die »russischen Jahre« genannt. Aus Hollywood erging eine Einladung an Eisenstein, in Amerika einen Film zu drehen. Amerikanische Verleger brachten zwischen 1929 und 1936 drei neue Ausgaben des* Kapital *heraus. Marx wurde in einem nie gekannten Ausmaß zur Interpretation der Geschichte und zur Kritik an der Gesellschaft herangezogen.*

Von einer für die beiden großen Parteien bedrohlichen Bewegung konnte dennoch nie die Rede sein.

Der wichtigste Grund, warum der Kommunismus in den USA nicht Fuß fassen konnte, hatte mit der amerikanischen Mentalität zu tun. Wettbewerbsgeist, Individualismus und Distanzbewußtsein ließen sich nicht über Nacht abschaffen, auch nicht durch große wirtschaftliche Not.

Die Depression, von welcher der Mittlere Westen am stärksten betroffen war, setzte eine Wanderbewegung in Gang, wie sie Amerika noch nicht erlebt hatte, genährt von Gerüchten über Kalifornien, wo es angeblich jede Menge Arbeit gab. Es war eine paradoxe Situation: die Hobo- und Trampbewegung hatte ihren Höhepunkt längst überschritten, dennoch waren noch nie mehr Menschen unterwegs gewesen, diesmal aber fast durchwegs unfreiwillig, ausschließlich von wirtschaftlicher Not getrieben. Mit Abenteuerlust und Bewegungsdrang hatte das nichts mehr zu tun. Und drei weitere Unterschiede zum klassischen Hobo fielen noch ins Gewicht: Die Depressionswanderer reisten meist nicht mehr alleine, sondern mit ihren Familien, sie benutzten nicht mehr ausschließlich Güterzüge, sondern häufig das eigene Auto, vorwiegend das T-Model von Ford, die sogenannte Tin Lizzy, das erste Billigauto der Welt und damals schon millionenfach verbreitet. Eine gebrauchte Lizzy konnte man für wenige Dollar erwerben. Gegenüber dem Güterzug hatte ein eigenes Auto mancherlei Vorteile: das gefährliche Aufspringen entfiel, es gab keine unangenehmen Begegnungen mit der Bahnpolizei, und man konnte Orte außerhalb des Bahnnetzes aufsuchen. Außerdem entfiel das mühselige Schleppen der Habseligkeiten, deren man im Auto zudem fast unbegrenzt mitführen konnte. Entscheidend jedoch war der dritte Unterschied: die Menschen begriffen sich nicht als Hobos, sondern als Arbeitssuchende, die lieber zu Hause geblieben wären.

Aber echte und überzeugte Hobos gab es vorerst noch genug. Einer von ihnen war Woody Guthrie. Mit dem Güterzug reiste er nur, wenn es mit dem Trampen nicht geklappt hatte, was oft genug der Fall war – die Landstraßen waren gesäumt von Anhaltern, die Tin Lizzies jedoch vollgepackt mit Menschen und Gepäck. In den Hobocamps war er ein gern gesehener Gast, unterhielt er doch die Anwesenden mit traditionellen und selbstverfaßten Liedern, die nachzusingen er ihnen beibrachte, wenn sie es wünschten. Die Depression schien Guthrie vorerst nicht zu interessieren, er wollte nur eins – fort aus Texas, irgendwohin, wo sich was Neues ergeben könnte. Was, würde man dann schon sehen. Sein Ziel war zunächst Los Angeles, wo Verwandte wohnten, bei denen er erst einmal unterzukommen hoffte. Welche Bedeutung er seinen Hobotrips zumaß, verrät die Tatsache, daß das erste Kapitel seiner Autobiografie *Bound for Glory* (dt. *Dies Land ist mein Land)* die ausführliche Beschreibung einer Überlandfahrt im Güterzug ist. Hier der erste Absatz:

Ich konnte Männer aller Hautfarben im Güterwagen herumkullern sehen. Wir standen auf. Wir fielen hin. Wir lagen über- und untereinander. Wir benutzten uns gegenseitig als Kopfkissen. Ich konnte den sauren bitteren Schweiß riechen, der mein Khaki-Hemd und die Hose durchtränkte, und die Arbeitsklamotten, Overalls und die schlottrigen dreckigen Anzüge der andern. Mein Mund war voll von irgendeinem grauen Staub, der den ganzen Fußboden ungefähr zolltief bedeckte. Wir sahen aus wie ein Trupp Kadaver auf dem Weg zum Abdecker. Heiß in der Septemberhitze, müde, schäbig und toll, schwitzend und tobend, fluchend und predigend. Ein Teil von uns rührte mit den Händen in der Staubwolke und grölte in die Menge. Andere waren zu schwach, zu krank, zu hungrig oder zu betrunken, um überhaupt aufstehen zu können. Der Zug war ein Expreß und hatte immer Vorfahrt. Unser Waggon war ein rough-rider-*Kastenwagen, den die Hobos einen »Plattroller« nannten. Ich fuhr am hinteren Ende, wo ich mehr Staub abbekam, aber weniger Hitze. Die Räder fraßen 60 Meilen in der Stunde. Alles, was ich so durch das Toben und Grölen und das Brüllen des Wagens hören konnte, war das Klirren und Rattern der Räder unten, wenn sie über einen Schienenstoß fuhren.*

Guthries Autobiografie war freilich nicht das einzige Buch, das ausführlich die Jahre der Depression schilderte, das harte Schicksal der Farmer und der zwangsweisen Wanderarbeiter. Es entstand eine ganz neue Schule realistischer Literatur, die auch in Hollywood ihre Spuren hinterließ. Ein Welterfolg wurde John Steinbecks Roman *The Grapes of Wrath* (dt. *Früchte des Zorns),* 1939 erschienen. Auf eine Tradition mehrerer Jahrzehnte konnte die Musikkultur der Hobos zurückblicken. Musikalisch an den Cowboy- und Hillbillysongs orientiert, aber in der Textgestaltung weit radikaler – und oft mit Humor und Ironie versehen –, hatte sich eine eigene Spielart der Volksmusik entwickelt. Wie kein anderer hat Woody Guthrie das Genre um zahllose Lieder bereichert. Sie sind alle in Büchern und auf Schallplatten schon zu seinen Lebzeiten erschienen und erfreuten sich großer Popularität.

Woody hatte sich rechtzeitig auf die Socken gemacht; einige Zeit später wäre er möglicherweise am Betreten der Stadt Los Angeles oder gar des Staates Kalifornien gehindert worden. Die Behörden hatten allmählich Schwierigkeiten, mit der Flut von Arbeitsimmigranten fertig zu werden, und sannen auf Abhilfe. Nach bewährtem Muster tat man alles, die Neuankömmlinge erst einmal zu kriminalisieren, wobei die rechtskonservative Presse wieder zu Diensten war. In einigen Städten wurden alle Wanderarbeiter verhaftet und in Zellen gesteckt, ehe ihnen die Fingerabdrücke abgenommen und sie davongejagt wurden. Oder eine freiwillige Bürgerwehr holte an Bahnhöfen die Leute aus den Waggons und verfrachtete sie in Güterzüge, die in die Richtung fuhren, aus der sie gekommen waren. Protesten seitens der Bahn wurde mit dem Argument begegnet, wer die Hobos reinbringe, müsse sie auch wieder fortschaffen.

Blieben noch die Verzweifelten, die mit dem Auto oder zu Fuß unterwegs waren. Polizisten errichteten an sämtlichen Einfahrtstraßen Sperren und schickten jeden Arbeitssuchenden zurück. Da all diese Maßnahmen klar gegen das in der Verfassung garantierte Grundrecht auf Bewegungsfreiheit verstießen, klagte die »American Civil Liberties Union« im Namen eines abgewiesenen US-Bürgers schließlich vor dem Bezirksgericht, worauf der lokale Polizeichef anordnete, den Kläger »in die Mangel zu nehmen« und dessen Familie »einzuschüchtern«. Die Klage wurde zurückgezogen. Von Anfang an bis heute waren die USA nur auf dem Papier ein Rechtsstaat.

Von offizieller Seite wurden die sogenannten Pennerblockaden mit der scheinheiligen Begründung gerechtfertigt, Frauen und Kinder vor Überfällen der (natürlich durchwegs kriminellen) Arbeitssuchenden schützen zu wollen. Diese Willkürmaßnahmen fanden erst mit dem Erscheinen der *Früchte des Zorns* ein Ende. Ein paar eindringlich beschriebene Szenen ließen Amerika aufhorchen. Überdies hat Steinbeck sehr zu Recht darauf aufmerksam gemacht, daß gerade Kalifornien nicht zuletzt von mutigen Pionieren und Hobos aufgebaut worden war.

Ausgerechnet während der Depression und ausgerechnet in Kalifornien sollte Guthries Karriere ihren glorreichen Anfang nehmen. Der kleine Radiosender KFVD räumte ihm täglich zweimal eine halbe Stunde ein. Er und seine Partnerin Maxine Crissman, genannt Lefty Lou, sangen Mountain Ballads und Hillbilly-Songs und erzielten immer höhere Einschaltquoten, was zahlreiche Engagements zur Folge hatte.

Die enorme Arbeitslosigkeit, das noch immer herrschende Elend, das er selbst durchgemacht hat, bewirken eine Wandlung in seinem Schaffen. Er wird zum politisch engagierten Liedermacher und von den Gewerkschaften (damals noch nicht von der Mafia kontrolliert) und der Kommunistischen Partei entdeckt und zu zahlreichen Versammlungen und Streikveranstaltungen eingeladen. Er ist einer der ihren, spricht ihre Sprache, trifft mit seinen Songs genau den Zeitgeist der Arbeiterbewegung.

Seinen enthusiastischsten Anwalt findet er in Alan Lomax, der die Archive der »Library of Congress« betreut. Lomax hatte zuvor die Lieder der schwarzen Insassen der Südstaatengefängnisse aufgenommen und somit in letzter Minute einen unschätzbaren Schatz amerikanischer Musik vor dem Vergessen bewahrt. Er begriff sich aber nicht nur als Konservator, sondern auch als Sprachrohr der zum großen Teil unschuldig Einsitzenden. Überhaupt waren es kommunistische Künstler, die plötzlich Vorreiter eines neuen Patriotismus wurden und anfingen, die amerikanische Volkskultur zu erforschen, ein Gebiet, für das sich zuvor kaum jemand interessiert hatte. Es erschienen

Bücher, Reportagen, Fotoberichte und Schallplatten, die allesamt das Leben, die Sprache, die Kunst und Musik des ›einfachen Mannes‹ dokumentierten.

Lomax zögerte nicht lange und lud Woody nach Washington ein, wo er einen Großteil von dessen Repertoire für das Archiv der Kongreßbibliothek aufnehmen ließ. Aber er wollte auch möglichst viel über sein Leben erfahren und interviewte ihn ausführlich. Während dieser Zeit lebte Woody im Haus von Lomax und seiner Frau. »In diesem Haus ging es nicht sehr förmlich zu«, versichert Joe Klein in seiner großen Guthrie-Biografie, »doch Woody warf die wenigen dort gültigen Konventionen auch noch über den Haufen.« So habe er sich geweigert, in einem Bett zu schlafen, sondern sich auf einer Couch oder dem Boden zusammengerollt, mit seiner Holzfällerjacke als Decke. Ebenso weigerte er sich, zum Abendessen am Tisch Platz zu nehmen, und aß lieber stehend an der Küchenspüle. »Ich bin ein Vagabund und will nicht verweichlichen.«

Ein Vagabund war er in der Tat, schon weil er es nie lange an einem Ort aushielt. Das hatte auch Frank Burke, der Eigentümer des Senders KFVD, gemerkt, und er überlegte, wie er Woody gleichzeitig halten und auf Wanderschaft schicken könnte. Die kalifornischen Gouverneurswahlen standen bevor, und Burke tat alles, den fortschrittlichen demokratischen Kandidaten, Culbert Olsen, zu unterstützen. Dem republikanischen Amtsinhaber konnte man am wirkungsvollsten durch eine Bestandaufnahme der Zustände in Kalifornien schaden. Warum also sollte man nicht den erfahrenen Hobo Woody Guthrie losschicken, um ein genaues Bild von den Lebensbedingungen der Wanderarbeiter zu erhalten! Guthrie sagte sofort zu und erzählte Lomax später über seine Erfahrungen:

Während der letzten Jahre war ich auf Wanderschaft. Von Oklahoma nach Kalifornien und zurück, per Güterzug und per Anhalter – ich saß auf dem trockenen und bin fortgejagt worden, hatte mit Leuten aller Sorte zu tun, die durchs Land streiften und Arbeit suchten, Pennbrüder, die meistens Hunger hatten.

Er hat sie besser kennen gelernt, als ihm lieb war:

Ich schlief mit ihren Füßen in meinem Gesicht und mit meinen Füßen in den ihren, mit Landeiern und Hinterwäldlern, die wie eine Herde verlorener Büffel durchzogen. Schon bald merkte ich, daß ich zwischen Oklahoma und Kalifornien unter jeder Eisenbahnbrücke Verwandte hatte …

Ich ging die Landstraßen entlang, kein Geld, keinen Job, kein Zuhause, kein nichts, nachts schlief ich in Gefängnissen, und die Zellen waren mit Jungens, kräftigen und alten Männern vollgestopft. Sie haben gesprochen und gesungen und ihre Lebensgeschichten erzählt – wie's früher war, wie's mal werden wird, wie ihr Zuhause zerbrach, wie die junge Ehefrau starb oder abhaute, wie Papa sich umzubringen versuchte, wie die Bank Traktoren schickte und ihre Häuser niederwalzte. Irgendwo hab ich eine alte vergammelte Gitarre aufgetrieben und fing zu zupfen und die Lieder zu spielen an, die ich kannte, und ich erfand neue über das, was die Typen erzählten.

Gegen das, was Woody während seiner Erkundungsreise zu sehen bekam, hatten die Hobos früherer Jahre nachgerade im Luxus geschwelgt. Joe Klein schildert die Zustände:

Verhungernde Kinder mit aufgeblähten Bäuchen waren in den staubigen Lagern der Wanderarbeiter kein ungewöhnlicher Anblick – während sich in unmittelbarer Nähe gigantische Obstgärten befanden, die vor Früchten überquollen und von bewaffneten Sicherheitsleuten bewacht wurden. Viele Kinder litten an nässenden Wunden und Durchfall, hatten Läuse oder Würmer. Viele Mütter mußten Wasser aus verschmutzten Flüssen schöpfen.

Die Kommunisten erkannten, daß die Hobos ihr Los nur würden verbessern können, wenn sie sich organisierten, eine eigene Gewerkschaft gründeten. Dagegen wehrten sich die Großgrundbesitzer mit allen illegalen Mitteln. Sie heuerten Schlägertrupps an, die Gewerkschaftsaktivisten und aufmuckende Landarbeiter vertrieben. Schließlich gab es genug ehemalige Farmer aus dem Mittleren Westen und Mexikaner, die für drei Dollar pro Woche von früh bis spät schufteten, einen Lohn, von dem sie oft auch noch ihre Familien ernähren mußten. Selbstverständlich hatten die Farmer ein Einschreiten der Polizei oder der Staatsregierung nicht zu befürchten.

Woody Guthrie wurde in den folgenden Jahren ständig populärer, bis der Ausbruch der ererbten Huntingtonschen Krankheit 1954 seiner Karriere ein Ende setzte. Nach jahrelangem Siechtum starb er am 3. Oktober 1967.

4. Kapitel

On the Road

Americans should know the universe itself as a road, as many roads, as roads for traveling souls.

WALT WHITMAN

Als Woody Guthrie in Güterzügen und per Anhalter das Land durchstreifte, war die Blütezeit der Hobo- und Trampbewegung bereits vorbei; dennoch waren, wie wir gesehen haben, damals mehr Menschen unterwegs als jemals zuvor. Nur, diese Menschen waren eben keine »echten« Hobos, es waren Opfer der Depression, auf verzweifelter Suche nach Arbeit. Roosevelts Politik und ein Klimaumschwung Ende der zehn Jahre währenden, mit Sandstürmen durchsetzten Dürre beendeten allmählich die Wirtschaftskrise, und mit wachsendem Wohlstand verschwanden auch die letzten Hobos und Tramps, sieht man von einigen Unentwegten ab, die von ihrer einmal gewählten Lebensweise nicht lassen mochten.

Eine neue Welle der Wanderlust wurde durch ein Buch ausgelöst, das 1957, kurz nach seinem Erscheinen, zum Bestseller wurde: *On the Road* (dt.: *Unterwegs)* von Jack Kerouac. Der Erfolg eines Buches hängt nicht zuletzt vom Timing ab, also ob es zur rechten Zeit auf den Markt gelangt. Dieses Timing hätte bei Kerouacs Roman nicht besser sein können. Das stark autobiografisch gefärbte Werk schlug wie eine Bombe zu einer Zeit ein, da viele Jugendliche ihr spießiges Elternhaus satt hatten; gegen den Mief der Eisenhower-Ära war der Mief der Adenauer-Ära das reinste Sodom und Gomorrha. Ein beispielloser Konformismus diktierte das Alltagsleben vieler Familien; die Wunden, die der republikanische Senator Joseph McCarthy mit seiner Hatz auf Andersdenkende geschlagen hatte, waren noch nicht vernarbt. Aber allmählich regte sich Widerstand, zumindest in New York. Die abstrakten Expressionisten, allen voran Jackson Pollock, sorgten für einen Neubeginn in der Malerei, John Cage überwand das Diktat der Zwölftonkomposition, im East Village bildeten sich Bohemezirkel, die bürgerliche Lebensformen über Bord warfen und mit öffentlichen Lesungen avantgardistischer Lyrik und Aufführungen höchst unkonventioneller Theaterstücke Furore machten. Und es gab eine Gruppe aufmüpfiger Schriftsteller, von der keine staatserhaltenden Schriften zu erwarten waren.

Schon im ersten Satz von Kerouacs bestem Werk wird der Protagonist Neal Cassady erwähnt, der im Roman Dean Moriarty heißt. Cassady, der von 1926 bis 1968 lebte, schlug sich in Denver, Colorado, als Autodieb durch, hatte mehrere Gefängnisstrafen verbüßt, einige Mädchen geschwängert und war nicht gerade das, was man unter einem nützlichen Mitglied der Gesellschaft versteht. Er sah überdurchschnittlich gut aus, verfügte über einen betörenden Charme, war hochintelligent und viel unterwegs. Sein Traum war es, Schriftsteller zu werden.

Die Kunst des Schreibens könne man nur in New York erlernen, überzeugte ihn sein Freund Hal Chase. Also machte sich Cassady im Herbst 1946 zusammen mit seiner sechzehnjährigen Braut LuAnne auf die Socken. Unterwegs legten sie eine längere Pause in Nebraska ein, um Geld zu verdienen. Sie wohnten bei einer Tante der jungen Frau. Neal arbeitete als Tankwart, LuAnne als Kellnerin.

Nach ein paar Tagen knackte das Mädchen den Safe ihrer Tante, in dem 300 Dollar waren, und Neal klaute kurzentschlossen das Auto der Gastgeberin.

In einem der posthum veröffentlichten, meist fragmentarischen autobiografischen Texte Cassadys heißt es:

Ich stahl mein erstes Automobil mit 14, im Jahre 1940; bis 1947, als ich solchen die Seele erregenden Vergnügungen abschwor, um den Eintritt in das Mannesalter zu zelebrieren, hatte ich etwa 500 Autos in meinem illegalen Besitz gehabt – sei es nur für den Augenblick und um es seinem Eigentümer wiederzubringen, bevor er zurückkam (das heißt auf Parkplätzen), oder sei es zu dem Zweck, sein Äußeres so zu verändern, daß man es ein paar Wochen behalten konnte, aber meistens nur für Vergnügungsfahrten.

Außerhalb der USA werden Autos einzig in der Absicht gestohlen, sie zu veräußern. Hier aber geht es nicht um Geldbeschaffung, sondern um die Möglichkeit, unterwegs zu sein. Der Wunsch, die Sucht nach Mobilität ist so stark, daß das Risiko, erwischt und bestraft zu werden, eingegangen wird – eine nur in Amerika denkbare Variante der Beschaffungskriminalität.

Schon sehr bald geriet Cassady in den Kreis um Jack Kerouac, Allen Ginsberg und William S. Borroughs. Alle drei hatten damals noch nichts veröffentlicht, doch Ginsberg und Kerouac waren entschlossen, Schriftsteller zu werden und die Literatur irgendwie zu revolutionieren. Nur Burroughs, rund zehn Jahre älter als die anderen, dachte noch nicht ans Schreiben, erwog vielmehr eine Karriere als Bankräuber. Außenseiter waren sie damals schon allesamt, allein durch ihre offen zur Schau getragenen sexuellen Präferenzen: Burroughs und Ginsberg waren schwul, Kerouac und Cassady bisexuell. Der exzessive Alkohol- und Drogengebrauch dürfte in den damaligen Boheme- und Studentenkreisen eher normal gewesen sein.

Neal bat Kerouac, ihn zum Schriftsteller auszubilden. Cassadys Briefe an Hal Chase hatten bereits die Runde gemacht und die Bewunderung Kerouacs und Ginsbergs erregt. Seine unmittelbare Erzählweise, sein Gebrauch obszöner Ausdrücke verwiesen auf ein originäres Talent, geeignet, einen neuen Ton in die amerikanische Literatur einzuführen. Es wäre eigentlich nur logisch gewesen, wenn Neal seinen Freunden Unterricht erteilt hätte.

Neals Texte, seine vergeblichen Versuche, sich als Autor zu etablieren, sind durchwegs autobiografisch, es wäre ihm nie in den Sinn gekommen, sich etwas »auszudenken«. Darin unterschied er sich nicht von Kerouac. Der Unterschied bestand hauptsächlich darin, daß Jack über genügend Disziplin verfügte, seine Projekte zu Ende zu führen.

Neal, der die Nächte seiner Kindheit mit dem Vater in Flophouses verbracht hatte, sammelte schon als Sechsjähriger erste Hoboerfahrungen.

> *Schließlich, Mitte Juni 1932, näherte sich der Tag, an dem die Reise in das Gelobte Land [Missouri] begann, als Papa, unsere zusätzliche Kleidung fest in dem zusammengerollten Bettzeug auf seinem Rücken verpackt, mich zu den Güterbahnhöfen der Union Pacific im Norden von Denver brachte …*

schreibt er in dem Buch, das einmal seine Autobiografie werden sollte.

Später hat er wiederholt als Bremser sein Geld verdient. In Cassadys und Kerouacs Werken sind die Protagonisten so gut wie dauernd auf Achse. Das allein schon ist bemerkenswert, doch hauptsächlich nichtamerikanischen Lesern dürfte auffallen, daß die Reisen nur selten einem Zweck dienen. Das Unterwegssein allein ist Grund und Motivation genug, sich aufzumachen. Der Weg ist das Ziel. Amerikanischen Lesern fällt das nicht auf, da ihnen das eine Selbstverständlichkeit ist.

Hemingways Feststellung, die gesamte moderne amerikanische Literatur basiere auf Mark Twains *The Adventures of Huckleberry Finn,* mag überspitzt klingen, ist aber in gewisser Hinsicht nicht falsch. Huckleberry Finn und sein Freund Jim sind fast ständig unterwegs, wenn auch nicht auf der Straße, sondern auf dem Mississippi. Sie wollen vor allen Dingen fort – wohin, ist nicht so wichtig. Der Schluß des Buches lautet charakteristischerweise:

> *Aber ich schätze, ich muß noch vor den andern zum Indjanerterritorium abrücken, weil mich Tante Sally adoptieren und siwilisieren will, und das halt ich nicht aus. Ich hab's ja schon mal durchgemacht.*

Was Huckleberry Finn und Jim auf ihrer Flußreise entdecken, ist die Freiheit, und deren Gegenteil ist, seßhaft zu werden und sich zivilisieren zu lassen.

Es ist der erste große Tramp-Roman, aber keineswegs der erste, dessen handelnde Personen wenig seßhaft sind, man denke nur an die Werke von Herman Melville. Doch erst nach *Huckleberry Finn* durchzieht der Bewegungsdrang die amerikanische Literatur wie ein roter Faden. Jack Londons Helden sind fernwehkrank, und Hemingways Romane spielen durchwegs im Ausland; die Protagonisten sind Amerikaner, die sich in Frankreich, Spanien, Italien und Afrika tummeln.

Was die Mobilität anbelangt, standen die Autoren der Beat Generation also in einer ehrwürdigen Tradition. Gleichwohl hatten sie genug Schwierigkeiten, sich durchzusetzen, ja, Verleger für ihre Werke zu finden. Das lag vor allem an einer Tyrannei einflußreicher Kritiker, die in den fünfziger Jahren eine Art Meinungsmonopol ausübten. Angesagt war eine an europäischen Autoren orientierte hochintellektuelle Literatur, abgehoben von Alltagskram, möglichst metaphysisch und unverständlich. Wer nicht mit Bildungsballast aufwarten, mindestens den Einfluß von Kafka und Kierkegaard nachweisen konnte, wurde gnadenlos verrissen oder ignoriert, hatte keine Chance auf dem Markt.

Das größte Verdienst der Beat-Autoren war zunächst die Weigerung, sich dem Diktat der Kritikerclique zu unterwerfen. Das demonstrierten sie erst einmal, indem sie die Treffpunkte mieden, in denen diese Kritikerpäpste verkehrten. Sie suchten sich eigene Lokale, etwa die »Cedar Bar« im Village, wo bald auch die abstrakten Expressionisten und die Musikeravantgarde um John Cage verkehrten. In allen Sparten der Kunst brodelte es, stand eine Revolution bevor, eine Loslösung von Europa, eine Entmachtung der Meinungsmacher im geistigen Schlepptau des in England lebenden amerikanischen Poeten und Dramatikers T. S. Eliot.

Die abstrakten Expressionisten hatten in Peggy Guggenheim bereits eine Galeristin gefunden, die ihre Werke energisch durchzusetzen gewillt war; die Autoren fanden bald auch mutige Verleger. Scribners wagte es 1952, den Debutroman eines jungen Autors zu publizieren. Er war fünf Jahre jünger als sein Freund Kerouac und hieß

Clellon Holmes. Sein Buch *Go* ist eine Mischung aus Roman und Autobiografie, jedenfalls das erste belletristische Zeugnis des Lebens und der Aktivitäten jener Gruppe, die er wenig später als Beat Generation bezeichnen sollte, in Anlehnung an die Lost Generation, ein Begriff, der Gertrude Stein zugeschrieben wird. Für mehr Aufsehen als Holmes' Buch sorgte das ein Jahr später herausgekommene Road Movie *The Wild One* (dt.: *Der Wilde)* mit Marlon Brando. Hier wurde erstmals der Protest der Nachkriegsjugend eindrucksvoll formuliert.

Damals hatte Kerouac die Arbeit an *On the Road* längst abgeschlossen; sechs Jahre dauerte es, bis er einen Verleger fand, der es wagte, das ungewöhnliche Manuskript anzunehmen – die geschilderten Ereignisse hatten also bereits ein Jahrzehnt früher stattgefunden. Wenn *On the Road* über Nacht zum Kultbuch avancierte, lag das nicht zuletzt daran, daß es nicht als Roman, sondern eher als Anleitung zu einem alternativen Leben gelesen wurde. Obwohl dem Buch tatsächliche Erlebnisse zugrunde liegen, bleibt es doch ein Roman. So manches, was in Wirklichkeit unerfreulich war, erscheint in einem verklärenden Licht, so manches ist erfunden – beides völlig legitime Mittel, zumal wenn der Autor nie behauptet hat, einen strikt autobiografischen Bericht vorzulegen.

Das Buch und sein Nachfolger, der Roman *The Dharma Bums* (dt.: *Gammler Zen und hohe Berge),* lösten unter den jungen Lesern eine Migrationswelle aus. Plötzlich waren Tausende auf Amerikas Straßen unterwegs – auf der Suche wonach? Bricht man auf, hat man keine verläßlichen Vorstellungen vom Ziel oder Zielort, man weiß nur, was man hinter sich gelassen hat. Und das war so wenig attraktiv, daß es woanders nur besser sein konnte. Aus der Beatbewegung erwuchs schließlich die Hippiebewegung mit ihren Landkommunen und neuen Lebensformen.

Die Beats wie die Hippies lehnten sich zwar gegen das Establishment auf, doch waren sie im Grunde unpolitisch. Man nahm jedoch allgemein an, daß sie links waren. Um so größer das Erstaunen, als allmählich durchsickerte, daß Jack Kerouac, der »King of the Beats«, stockkonservativ war und bei der Präsidentschaftswahl für Eisenhower stimmte. Später wandelte er sich sogar zum faschistoiden Reaktionär. Er befürwortete den Vietnamkrieg, machte kein Hehl aus seinem Antisemitismus, und wenn er auf eine Party eingeladen wurde, erschien er nur, wenn man ihm versichert hatte, daß keine »Nigger« anwesend seien. So wurde er ein Außenseiter unter Außenseitern.

Der politische Standort der Beatautoren interessierte zunächst niemanden. In zahllosen Interviews, Zeitungsartikeln und Talkshows wurde ihr Privatleben an die Öffentlichkeit gezerrt, wobei sich herausstellte, daß Kerouac und seine Freunde tatsächlich das lebten, worüber sie schrieben. In den sechs Jahren zwischen Fertigstellung und Publikation von *On the Road* schrieb Kerouac nicht weniger als zehn Romane, wobei er fast ständig auf Reisen war. Er schrieb in Neal Cassadys Haus in San Francisco, in William Burroughs Wohnung in Mexico Stadt, und zwar wegen Platzmangels auf dem Klo. Zwischendurch verdiente er sich Geld als Bremser bei der Southern Pacific, seine Manuskripte und seine Schreibmaschine stets mit sich führend.

Nur der innerste Zirkel der Beats wußte, durch eigene Teilnahme zumeist, in welch schockierendem Maß die tatsächlichen Ereignisse die geschilderten übertrafen. In seiner ausgezeichneten Kerouac-Biografie schildert Barry Miles die pausenlosen Reisen der abenteuersüchtigen

Nachwuchsschriftsteller. Nur ein einziger dieser Trips sei nacherzählt: Ende 1949 rief Neal Cassady, der mit Frau und Kind in San Francisco lebte, Jack Kerouac an der Ostküste an und teilte ihm mit, er habe gerade von seinen letzten Ersparnissen ein Auto gekauft, mit dem er nach New York fahren wolle, um »einen drauf zu machen«. Kerouac solle ihn auf dem Rückweg nach Kalifornien begleiten. Mit von der Partie sei Al Hinkle, ein Freund Cassadys, allein darum als Begleiter notwendig, da dessen Freundin Helen über größere Geldmittel verfüge und somit in der Lage sei, das Vorhaben der ansonsten abgebrannten Gentlemen zu finanzieren. Jack willigte ein, und Neal machte sich auf den Weg. Seiner Frau Carolyn sagte er nicht einmal Bescheid. Besagte Freundin Helen wollte sich nur unter einer Bedingung auf die Reise einlassen: Al Hinkle müsse sie zuvor heiraten. Kein Problem, derlei läßt sich in den USA binnen zweier Tage erledigen. Also geheiratet und auf gen Westen. In Tucson, Arizona, angekommen, stellte sich heraus, daß Helen alles andere als wohlhabend war und keinen Penny mehr besaß. Der frischgebackene Ehemann gab der Gemahlin seine Dauerfahrkarte für die Bahn und schickte sie nach New Orleans, wo sie einstweilen im nahegelegenen Algiers bei William S. Burroughs wohnen sollte; in einer Woche werde man sie abholen. Natürlich hielt es niemand für nötig, Burroughs von dem bevorstehenden Besuch zu informieren.

Cassady bestand auf einem Umweg über Denver, wo er LuAnne, seine geschiedene Frau, überreden wollte, mit ihnen nach San Francisco zu fahren. LuAnne war zwar wieder verlobt, doch ihr Zukünftiger befand sich gerade auf hoher See, weswegen sie der Aufforderung dankbar nachkam. Man reiste aber nicht gleich nach Kalifornien, sondern erst einmal zurück zur Ostküste. Heilig Abend kamen sie in Georgia an und quartierten sich bei Kerouacs Schwester und deren Mann ein, die gerade einen Umzug nach New York vorbereiteten. Neal erbot sich, erst die Möbel und dann Jack, Al, LuAnne und das Ehepaar nach New York zu transportieren – insgesamt über 3000 Kilometer, was Neal innerhalb von drei Tagen schaffte.

Cassady und LuAnne quartierten sich in Allen Ginsbergs kleiner Wohnung ein. Da Ginsberg nachts bei der Associated Press arbeitete, konnten sie sein Bett benutzen. Wenn Allen nach Hause kam, legte er sich dazu. Sie ignorierten die zahllosen Briefe und Telegramme von Burroughs, der gerne gewußt hätte, wann er seinen Dauergast Helen Hinkle wieder los wird. LuAnne hatte irgendeinen Job angenommen, um das Marihuana der Tag und Nacht bekifften Herren zu finanzieren. Schließlich machten sie sich nach Algiers auf, um Helen abzuholen. Die hatte aber inzwischen derart Gefallen an New Orleans gefunden, daß sie nicht mehr fort wollte. Also blieb Al bei seiner Frau, und Jack, Neal und LuAnne setzten die Reise alleine fort.

Völlig pleite kamen sie in San Francisco an. Jack hatte sich in LuAnne verliebt und wollte mit ihr zusammenleben. Da beide weder Geld noch Aussicht auf eine Arbeit hatten, kehrte LuAnne nach Denver zurück, und Kerouac bat seine Mutter telefonisch um das Geld für die Busfahrt nach New York. Cassady ließ sich wieder bei Carolyn blicken.

Das Bemerkenswerteste an diesem ziemlich sinnlosen Trip scheint mir, daß zwei Menschen heiraten, nur um ein bißchen durch die Gegend fahren zu können. Nichts illustriert den Bewegungsdrang besser, den Wunsch unterwegs zu sein, buchstäblich um jeden Preis.

Auch die anderen Schriftsteller der Beatgeneration hielt es selten an einem Ort. Der Lyriker und Essayist Gary Snyder, gelernter Sinologe, hatte während der entscheidenden Beatjahre in China und Japan gelebt, Allen Ginsberg verbrachte geraume Zeit in Afrika und Indien, bereiste Peru, England, die Sowjetunion, die Tschechoslowakei und Kuba, der Lyriker Bob Kaufman hatte, ehe er sich in San Francisco niederließ, neunmal als erster Maat die Welt umsegelt. Gregory Corso durchquerte als Matrose mehrmals den Atlantik, hielt sich danach in Mexiko, Kalifornien und Griechenland auf, ehe er sich für eine Zeitlang in New York niederließ. Sein dortiges Quartier beschreibt Bruce Cook:

> *Es war eine Art Notquartier, lediglich mit Kissen, einem Schlafsack und einer Matratze möbliert. Keine Bilder an den Wänden. Keinerlei Dekoration. Mir schien es, daß Corso innerhalb von fünf Minuten hätte zusammenpacken und die Wohnung verlassen können.*

Hier manifestierte sich nicht nur die im ersten Kapitel angesprochene Gleichgültigkeit der Amerikaner materiellen Gütern gegenüber, sondern auch der Wunsch, jederzeit aufbrechen zu können, und überdies eine Protesthaltung: Als allgemein erstrebenswert galt damals jenes fragwürdige Glück, das sich mit »Einfamilienhaus, zwei Kinder, zwei Autos, freiwillige Arbeit in der Kirche« zusammenfassen läßt, wobei vor allem eine Lebensform gemeint war, der das Materielle lediglich als Korsett diente oder deren sichtbare Chiffre es war. Ihren pseudokünstlerischen Niederschlag fand diese heile, verlogene Welt in den ungeheuer erfolgreichen Bildern eines Norman Rockwell.

Die meisten Beatautoren verzichteten auf Anhäufung

irdischer Güter, selbst zu Zeiten, da sie es sich hätten leisten können. Besitz belastet, legt der Bereitschaft zur Mobilität bloß Steine in den Weg. Sie wollten, sie mußten allzeit fort können. Sie ließen so gut wie nichts zurück, wenn es ihnen in den Sinn kam, beispielsweise einige Monate in Tanger, Marokko, zu verbringen, wo nicht nur Paul Bowles lebte, sondern wo auch Drogen jederzeit und legal zur Verfügung standen. Burroughs hatte sich dort einquartiert, um sein Meisterwerk *Naked Lunch* zu schreiben. Ginsberg und andere besuchten ihn. Wer mehr über die turbulente Zeit der Amerikaner in Tanger erfahren möchte, lese Michelle Greens ebenso fundiertes wie amüsantes Buch *The Dream at the End of the World*.

Die Beatbewegung war die wohl kürzeste Epoche der amerikanischen Literatur, doch gleichzeitig eine der nachhaltigsten. Bereits Anfang der sechziger Jahre war alles vorbei, obwohl Ginsberg und Burroughs einige ihrer wichtigsten Werke noch nicht geschrieben hatten. Aber die hatten mit dem Beat dann nichts mehr zu tun. Kerouac hatte seine Glanzzeit hinter sich und geriet schon zu Lebzeiten immer mehr in Vergessenheit. Er starb, Opfer seines Alkoholismus, 1969 im Alter von 47 Jahren. Ein Jahr früher war Neal Cassady, 42 Jahre alt, an einem Bahndamm in Mexiko tot zusammengebrochen.

Die Party war zu Ende. Doch das Werk der Beatautoren war aus der amerikanischen Literatur nicht mehr wegzudenken, hatte, trotz wahrer Hetzkampagnen der Kritik, den Autoren der nachfolgenden Generation einen Weg gewiesen und ihnen den Mut geschenkt, sich nicht länger von Rezensenten und einer prüden, bigotten Gesellschaft gängeln zu lassen. Ohne sie wären etwa Charles Bukowski, John Fante und Richard Brautigam, um nur einige zu nennen, nicht denkbar.

Sie hatten sich auf ihre Weise die Philosophie der Hobos und Tramps zu eigen gemacht und fortgesetzt: ein Leben jenseits bürgerlicher Erwartung, ein Leben, dessen Ziel es ist, unterwegs zu sein, ohne anzukommen.

Anhang

Literaturangaben

Allsop, Kenneth: *Hard Travellin'. The hobo and his history.* New American Library, New York 1967.

Anderson, Nels: *The Hobo. The Sociology of the Homeless Man.* University of Chicago Press, Chicago 1965.

Ayck, Thomas: *Jack London.* Rowohlt, Reinbek 1994.

Beck, Frank O.: *Hobohemia.* Charles H. Kerr, Chicago 2000.

Bergreen, Laurence: *Capone. The Man and the Era.* Simon & Schuster, New York 1994.

Black, Jack: *You Can't Win.* Macmillan, New York 1926.
dt.: *Du kommst nicht durch.* Kramer, Berlin 2002.

Bruns, Roger A.: *The Damndest Radical. The Life and World of Ben Reitman.* University of Illinois Press, Urbana and Chicago 1987.

ders.: *Knights of the Road. A Hobo History.* Methuen, New York 1980.

Buhle, Mari Jo u. a. (Hrsg.): *Encyclopedia of the American Left.* University of Illinois Press, Urbana and Chicago 1992.

Burroughs, William S.: *Naked Lunch.* Olympia Press, Paris 1959.
dt.: *Naked Lunch.* Rowohlt, Reinbek 1999.

ders.: *The Place of Dead Roads.* Holt Rinehart, New York 1983.
dt.: *Dead Roads.* Goldmann, München 1985.

Carnevali, Emanuel: *The Autobiography of Emanuel Carnevali.* Horizon Press, New York 1967.

Cassady, Neal: *Der Flügel des Engels. Autobiographisches, Selbstzeugnisse, Briefe an Jack Kerouac.* Hannibal Verlag, St. Andrä-Wördern 1997.

Cook, Bruce: *The Beat Generation.* Scribners, New York 1971.

Davies, William Henry: *Supertramp. Autobiographie eines Vagabunden.* Mit einem Vorwort von George Bernard Shaw. Manesse, Zürich 1985.

Dees, Jesse Walter: *Flophouse.* Marshall Jones, Francestown / New Hampshire 1948.

Dragstedt, A. W.: »A Day in the Jungles.« In: Anderson, Nels: *On Hobos and Homelessness.* University of Chicago Press, Chicago 1998.

Etulain, Richard W.: *Jack London on the Road.* Utah State University Press, Logan/Utah 1979.

Falk, Candace: *Liebe und Anarchie & Emma Goldman. Ein erotischer Briefwechsel. Eine Biographie.* Kramer, Berlin 1987.

Flynt, Josiah: *Tramping With Tramps. Studies and Sketches of Vagabond Life*. Century, New York 1900.
Gilmore, Bob: *Harry Partch: A Biography*. Yale University Press, New Haven 1998.
Graham, »Steam Train« Maury / Hemming, Robert J.: *Tales of the Iron Road: My Life as King of the Hobos*. Paragon, New York 1990.
Green, Michelle: *The Dream at the End of the World*. Bloomsbury, London 1992.
Guthrie, Woody: *Dies Land ist mein Land*. Nautilus, Hamburg 2001.
Hauser, Heinrich: *Feldwege nach Chicago*. Fischer, Berlin 1931.
Holmes, Clellon: *Go*. Scribners, New York 1952.
Kemp, Harry: *Tramping on Life. An Autobiographical Narrative*. Boni & Liveright, New York 1922.
ders.: *More Miles. An Autobiographical Novel*. Boni & Liveright, New York 1926.
Kennedy, William: *Ironweed*. Viking, New York 1983.
dt.: *Wolfsmilch*. Rowohlt, Reinbek 1986.
Kerouac, Jack: *On the Road*. Viking, New York 1957.
dt.: *Unterwegs*. Rowohlt, Reinbek 1998.
ders.: *The Dharma Bums*. Viking, New York 1958.
Klein, Joe: *Woody Guthrie. Die Biographie*. List, München 2001.
Knight, Arthur and Kit: *The Beat Vision. A Primary Sourcebook*. Paragon, New York 1987.
Kreymborg, Alfred: *Troubadour*. Sagamore, New York 1957.
Lescohier, Don D.: *The Labor Market*. Macmillan, New York 1919.
Lindsay, Vachel: *Adventures While Preaching the Gospel of Beauty*. Kennerley, New York 1914.
ders.: *Handy Guide for Beggars*. Macmillan, New York 1916.
London, Jack: *Abenteurer des Schienenstranges*. Heyne, München 1985.
ders.: »Wie ich Sozialist wurde.« In: *Arbeiter-Jugend* 1/1925, S. 23–25.
Milburn, George (Hrsg.): *The Best Hobo Jokes*. Girard, Kansas, 1926.
Miles, Barry: *Jack Kerouac. King of the Beats*. Virgin, London 1998.
Monkkonen Eric H.: *Walking to Work. Tramps in America, 1790–1935*. Nebraska University Press, Lincoln and London 1984.
Parry, Albert: *Garrets and Pretenders. A History of Bohemianism in America*. Covici-Friede, New York 1933.
Partch, Harry: *Bitter Music*. University of Illinois Press, Urbana and Chicago 1991.
ders.: *Genesis of a Music*. Da Capo, New York 1974.
Patton, Darryl: *America's Goat Man*. Little River Press, Gadsden/Alabama 1994.
Payne, Roger: *Why Work? Or the coming »age of leisure and plenty«*. Meador, Boston 1939.
Popp, Klaus-Jürgen (Hrsg.): *Mark Twain. Gesammelte Werke in fünf Bänden*. Hanser, München 1965.

Raeithel, Gert: *Geschichte der nordamerikanischen Kultur.* 3 Bde. Ullstein, Weinheim und Berlin 1987–89.

ders.: *»Go West«. Ein psychohistorischer Versuch über die Amerikaner.* Europäische Verlagsanstalt, Hamburg 1993.

Reitman, Ben: *The Second Oldest Profession.* Vanguard, New York 1932.

ders.: *Sister of the Road: The Autobiography of Box-Car Bertha as Told to Dr. Ben L. Reitman.* Sheridan, New York 1937.

dt.: *Boxcar Bertha. Eine Autobiographie.* Ammann, Zürich 1994.

Reitman Carpenter, Mecca: *No Regrets. Dr. Ben Reitman and the Women Who Loved Him.* SouthSide, Lexington 1999.

Rexroth, Kenneth: *An Autobiographical Novel.* Doubleday, Garden City / New York 1966.

Rosemont, Franklin (Hrsg.): *Juice Is Stranger than Friction. Selected Writings of T-Bone Slim.* Charles H. Kerr, Chicago 1992.

Schoenberg, Robert J.: *Mr. Capone.* Morrow, New York 1992.

Schoolcraft, John: »The Bird of Passage«. In: *Argosy All-Story Weekly,* Oct. 1922.

Souchy, Augustin: *Schreckensherrschaft in Amerika.* Der Syndikalist, Berlin 1927.

Steinbeck, John: *The Grapes of Wrath.* Viking, New York 1939.

dt.: *Früchte des Zorns.* dtv, München 1985.

Tully, Jim: *Beggars of Life. A Hobo Autobiography.* Boni, New York 1924.

Watkins, T. H.: *The Great Depression.* Little, Brown & Co., Boston, New York 1993.

Watson, Steven: *The Birth of the Beat Generation. Visionaries, Rebels, and Hipsters, 1944–1960.* Pantheon, New York 1995.

Wormser, Richard: *Hoboes. Wandering in America, 1870–1940.* Walker & Co., New York 1994.

Die Zitate aus dem Englischen wurden vom Autor übersetzt.

Bildnachweis

Ben L. Reitman Papers, Special Collections, University Library, University of Illinois at Chicago S. 148, 152 · Brown Brothers S. 138 · Butler-McCook Homestead Collection, Antiquarian and Landmarks Society, Inc. of Connecticut S. 139, 143, 144, 147 · Chattanooga News Free Press S. 154/55 · Chicago Historical Society S. 142, 150 · George Eastman House S. 146 · Hobo News, Titelbild, National Archives S. 149 · Library of Congress S. 135, 136, 138, 140, 151, 156, 157, 158 · United International Photo S. 137 · Vachel Lindsay Collection in the Clifton Waller Barrett Library of the University of Virginia Library S. 153 · Woody Guthrie Foundation and Archives S. 156.